未来社区
能源规划与建设

WEILAI SHEQU
NENGYUAN GUIHUA YU JIANSHE

国网浙江省电力有限公司嘉兴供电公司　组编

中国电力出版社
CHINA ELECTRIC POWER PRESS

内 容 提 要

　　未来社区是未来城市的缩影，契合我国"双碳"排放目标要求，是今后社区的发展方向。本书全面介绍了未来社区能源规划与建设以及实现未来社区的低碳场景。全书共分为 9 章，分别为：未来社区能源发展概述；社区智能高效配电网系统；社区冷热集中高效供应系统；新型储能系统；零碳建筑；市政资源综合利用；"光伏＋多场景"融合；社区低碳交通；社区能源大数据中心。

　　本书可供未来社区低碳能源系统的规划、设计、建设人员参考，也可作为大中专院校相关专业师生的参考资料。

图书在版编目（CIP）数据

　　未来社区能源规划与建设/国网浙江省电力有限公司嘉兴供电公司组编 . —北京：中国电力出版社，2022.5

　　ISBN 978 - 7 - 5198 - 6564 - 1

　　Ⅰ. ①未…　Ⅱ. ①国…　Ⅲ. ①社区—能源规划—研究—中国　②社区—能源发展—研究—中国　Ⅳ. ①F426.22

　　中国版本图书馆 CIP 数据核字（2022）第 039132 号

出版发行：中国电力出版社
地　　址：北京市东城区北京站西街 19 号（邮政编码 100005）
网　　址：http://www.cepp.sgcc.com.cn
责任编辑：崔素媛（010-63412392）
责任校对：王小鹏
装帧设计：赵丽媛
责任印制：杨晓东

印　　刷：三河市航远印刷有限公司
版　　次：2022 年 5 月第一版
印　　次：2022 年 5 月北京第一次印刷
开　　本：787 毫米×1092 毫米　16 开本
印　　张：12.5
字　　数：255 千字
定　　价：78.00 元

编　委　会

前　言

　　未来社区是未来现代化城市的细胞，是未来城市的缩影，是未来城市品质生活的载体。未来社区能源系统建设重点聚焦"人本化""生态化""数字化"三化建设，聚力构建"绿色低碳、数字赋能"应用，打造多能协同低碳能源体系，推广近零能耗建筑，建设花园式无废社区。

　　未来社区能源系统建设以多能协同低碳能源体系为目标，根据社区自身禀赋和特征，展现社区电网高弹性可靠供电场景、社区冷热集中高效率供应场景、社区建筑清洁零排放用能场景、社区资源集约化综合利用场景、社区交通电气化便民发展场景、社区能源数据高互动创新场景等六大智慧低碳能源场景。通过构建社区智能高效配电网系统、社区冷热集中高效供应系统、新型储能系统、零碳建筑、市政资源综合利用、"光伏+ 多场景"融合、低碳交通、社区能源大数据中心等关键技术应用，开展弹性坚强配电网架、智能化配电站房、社区直流配电网系统、智慧用电系统、智慧能源站、地源热泵系统、建筑"光伏+ 储能"一体化、"零能耗"智慧建筑样板、多杆合一智慧路灯、"光伏+ 多场景"融合、综合管廊规划、公共充电设施、居民充电设施、交互式充电、社区智慧能源监测平台、建筑能源管理系统、负荷需求响应等关键工程建设，打造清洁高效、源荷交互、多能协同、亲邻共享的未来社区低碳实景，实现未来社区的绿色低碳发展，为"未来服务""未来治理"和"未来交通"等场景提供丰富的功能和服务，提升未来社区的综合服务能力和城市能效水平，满足居民的美好生活需要。

　　社区是城市的重要组成部分，未来社区能源系统建设契合我国碳达峰碳中和的目标要求，是今后社区的发展方向，具备很好的推广价值。浙江省于 2019 年起连续 3 年推广 150 个未来社区试点创建项目，嘉兴市作为红船的起航地率先在南湖甪里社区、渔里社区开展未来社区试点建设工作，国网浙江省电力有限公司嘉兴供电公司结合上述未来社区试点创建项目的实施同步开展低碳能源系统规划建设，在未来社区项目的实施过程中积累了丰富的规划、设计、建设经验。未来社区将是今后社区发展的方向，由此未来社区低碳能源系统的构建需要一种新模式、新技术和新业态，本书通过未来社区试点项目的工程实践，为未来社区低碳能源系统的规划建设探索一条可鉴之路，也可为电力、综合能源等行业的规划、设计、建设人员提供一定的参考和借鉴作用。

作　者

2022 年 5 月

目　录

第1章

未来社区能源发展概述

1.1 未来社区建设理念

社区是城市的细胞，更是城市文化融合、市民凝聚力和幸福感提升的重要场所。现在的社区往往存在重房地产轻人文，邻里关系淡漠，缺少文化交流载体平台；托幼难、入幼难，优质教育资源稀缺，覆盖人群少；社区医疗"看得起"但"看不好"，养老设施与服务缺失，健康多元化需求难以满足；停车难、公共交通出行不便，物流配送服务不完善等问题。此外，还存在能源供给方式单一、利用效率不高，能源结构单一，不满足节能降耗的要求等问题。

未来社区正是解决以上问题的关键所在。浙江省率先开展未来社区的建设，根据浙江省发展规划研究院的研究成果，未来社区就是以满足人民美好生活向往为根本目的的人民社区，是围绕社区全生活链服务需求，以人本化、生态化、数字化为价值导向，以未来邻里、教育、健康、创业、建筑、交通、能源、物业和治理九大场景创新为引领的新型城市功能单元。未来社区注重的是品质生活，彰显空间布局集约合理、功能复合智慧互联、生活社交亲善融通、配套设施集成共享、先进技术应用迭代、建设运营绿色低碳六大特征，未来社区是未来现代化城市的细胞，也是未来城市的缩影，相较城市范围较小、便于试点。未来社区生态圈如图1-1所示。

1. 新型社区人文价值塑造

围绕社区最高价值关键词"邻里关系"，综合"远亲不如近邻""心灵之家""生活共同体"等人文价值理念，通过搭建共享平台、营造开放空间、构建互助机制、宣扬特色文化、创新社区活动等方式，建立开放、凝聚、包容、共享的社区价值体系，形成未来社区凝聚力和归属感。

2. 未来社区治理体系构建

以构建"像绣花一样精细"的社区治理体系为导向，改革社区管理体制，理顺整合居委会、业委会、物业公司三者关系，培育发展社区社会组织，动员社会力量参与社区社会治理，构建社区基金会、社区议事会、社区客厅等自治载体和空间，引导社区居民自我管理，初步形成共建、共治、共享的未来社区社会治理体制。

图 1-1 未来社区生态圈

3. 全生活链功能配置体系

以引领未来生活方式变革创新为导向，紧紧围绕"人"的需求、实施差异化供给，构建 24 小时"全生活链"功能体系。重点聚焦科技、人文、生态三大价值维度，以创新科技体验赋能社区服务平台，推进新教育、新医疗、新养老、新商业、新安防、新物流、新能源等智慧供给。激发人文活力培育社区生活共同体，构建新住宅、新配套，打造新邻里，形成社区人文治理新机制，传承社区文脉。围绕低碳宜居打造和谐新社区，集成新交通、新住宅、新能源、新环境等元素，构建社区低碳生态系统。

4. 开发强度弹性管理机制

创新容积率评价管理办法，科学合理确定地块容积率，以学区范围作为未来社区规划建设管理的基本单元，提出规划建设方案，并由第三方出具环境影响评价和交通影响评价报告，经政府组织审查通过后，容积率可在学区范围内适度转移或奖励提升，实现弹性管理。

5. 社区交通出行系统创新

以社区空间布局利用创新为基础，引导交通供需协调发展，构建以公共交通为导向的开发（Transit-Oriented Development，TOD）模式为主导的社区对外交通组织方式，以及慢行交通优先，静态交通、物流配送等有机结合的社区内部交通组织方式。探索车路协同的智能交通网络建设，完善适用于未来社区的交通影响评价体系和政策保障措施，营造公共、智慧、绿色、综合、立体的社区交通环境。未来低碳场景如图 1-2 所示。

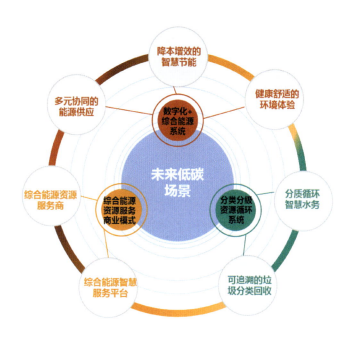

图 1-2　未来低碳场景

6. 社区能源资源应用创新

探索一体化全方位节能设计，建设多能协同的供应系统，推动社区能源资源供给侧、需求侧统筹创新，构建社区智慧电网、智慧气网、智慧水网和智慧热网。建设循环利用的资源系统，重点推广雨水回收系统和垃圾分类收集处理系统。探索综合能源资源管理运营模式和商业模式，统一建设低碳智慧监测调控平台。

7. 智慧运营管理体系创新

依托新一代信息技术，以居民智能终端应用为重点，创新未来社区运营服务系统，利用高效物联网实现社区数据化、O2O 共享平台化、运营管理智能化，并接入全省统一搭建的智慧化运营管理平台，实现云端城市大脑、社区平台中脑、居民终端小脑联动。

8. 未来社区建筑工程创新

推动建筑设计、建筑技术、建筑材料与建筑方式创新，应用推广装配式建筑和装修技术，探索居住、办公、商业、休闲活动空间混合的模块化单元设计，打造未来社区建筑工程新样板。对于改造重建类构筑物，充分保留其历史文化价值，塑造社区独特文化标志物。打造集约高效的建筑空间，推动地下空间、屋顶花园等立体开发。推广再生建材应用，提高全省建筑垃圾资源化利用能力。

9. 数字化规划建设管理创新

创新全过程数字化规划建设管理模式，以数字化手段摸清社区现状，为规划设计、方案论证提供依据；构建设计方案数字化模型，验证规划设计指标体系、优化规划设计方案；倡导 BIM 正向设计并全方位应用于工程建设统筹，缩短建设周期，节约资金；以数字化建设模型支撑未来社区智慧运营管理。

10. 社区建设资金平衡模式创新

以社区运营实现"零物业费"为目标，按照全周期资金内部平衡要求进行建设。对于改造重建类，以学区为规划单元，以容积率调节为手段，以安置用房、对外销售商品房、公共服务用房结构合理化为途径，实现资金平衡；对于规划新建类建筑，以政策创新降低用地成本、提高综合配套要求，约束开发商落实未来社区建设标准。

未来社区的发展可以改善大民生、驱动大投资、带动大产业、促进大转型。

1.2 未来社区能源系统介绍

1.2.1 未来社区能源系统组成

在未来社区内建立一种互联网与能源生产、传输、存储、消费以及能源市场深度融合的能源产业发展新形态，具有设备智能、多能协同、信息对称、供需分散、系统扁平、交易开放等主要特征。通过综合能源系统为社区居民提供便捷、优质的能源服务，涵盖电、热、冷、气、交通等多个能源系统，在规划、运行中耦合多种能源，实现清洁能源的大规模接入和高效利用，提高运行的效率，降低能源的价格。智慧互动能源网如图1-3所示。

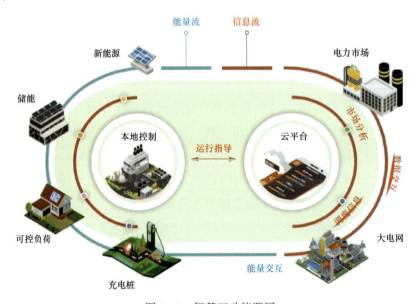

图 1-3　智慧互动能源网

未来社区中的清洁能源有分布式光伏、微型风机、生物质发电系统。光伏是最适合采用分布式模式的可再生能源，随着技术的进步和经济的发展，光伏组件的成本越来越低，而建筑节能也越来越受到人们关注，因此，将光伏器件与建筑材料集成化是未来社区应用新能源的主要方式，不仅可以降低光伏发电成本，还可以节省部分建筑材料。根据国家能源局关于报送整县（市、区）屋顶分布式光伏试点方案的通知，将重点开发党政机关、学校、医院、工商业和农村居民屋顶，整合资源集约利用，优化电网投资，引领居民绿色低碳消费。社区用的风力发电机一般为功率小于10kW的小型风力发电机，多采用永磁式交流发电机，由风轮驱动发电机产生的交流电经过整流后变成可以储存在蓄电池中的直流电。

1.2.2　能源系统和关键技术

　　未来社区的建设需要多个系统和各种技术的相互配合与支撑，本书将分别从能源系统和关键技术来介绍未来社区的规划与建设，未来社区能源系统技术架构如图1-4所示。

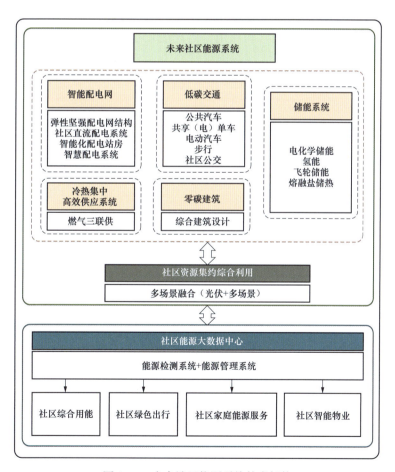

图1-4　未来社区能源系统技术架构

1. 智能高效配电系统

未来社区作为未来城市的发展方向，对电网提出了更高的要求，除了需要电网具备传统的高可靠性外，还需要建设新型配电系统。新型配电系统具备海量资源被唤醒、源网荷储全交互、安全效率双提升等特点，可提高能效水平、促进清洁低碳发展，调动内外资源，更好地适应清洁能源大规模并网、各种能源互联互通互济的发展趋势，大幅提高能源资源广域优化配置能力和社会综合能效水平。

新型配电系统的特点为：①分布式光伏和风电将快速发展并融入电网，价格机制和商业模式将引领清洁能源的发展；②储能成为电力系统的重要组成部分，储能作为解决新能源发电波动性和间歇性问题的最主要工具，可以实现削峰填谷，延缓电力系统投资，是新型电力系统的重要组成部分；③能源数字化发展，能源数字化是能源互联网的核心。

新型配电系统的终极形态就是能源互联网。新型配电系统利用数字化手段，打通源网荷储各个环节，把海量的分布式资源通过数字化手段形成一个虚拟的大型能源调节中心，进而帮助可再生能源的高比例接入和使用，实现能量在空间和时间上的平衡，来实现清洁、低碳的目的。

在未来社区探索开展新型配电系统的建设具有重要意义，是运用新理念、新业务、新技术推动电网向能源互联网演进的过程。

（1）明了能源电力行业服务"双碳"目标的核心任务。能源是主战场，电力是主力军，电网是排头兵，大力发展风能、太阳能等新能源是关键。实现"双碳"目标是对新能源在未来能源体系中主体地位的科学定位，是对电力系统在服务碳达峰碳中和中发挥关键作用的更高要求，极大地增强了能源电力行业加快转型升级的信心和决心。

（2）明了能源电力创新突破的努力方向。构建新型配电系统，是对能源电力创新趋势的深刻洞察，代表了电力生产力大解放大发展的方向。近年来，电力电子技术、数字技术和储能技术在能源电力系统日益广泛应用，低碳能源技术、先进输电技术和先进信息通信技术、网络技术、控制技术深度融合，推动传统电力系统正在向高度数字化、清洁化、智慧化的方向演进。构建新型配电系统有利于凝聚行业共识，促进协同创新，破解能源转型技术难题，抢占行业发展制高点，提高我国电力产业链现代化、自主化水平。

（3）明了能源电力行业高质量发展的必由之路。随着经济发展、社会进步和能源转型，电力的应用领域不断拓展，电力服务需求和消费理念日益多元化、个性化、低碳化，电力行业的新产业、新业态、新模式不断涌现。在未来社区中构建新型配电系统，将为供需精准对接、满足能源需求、挖掘潜在价值、降低社会能耗、促进产业升级提供强有力的平台支撑，以高质量的电力供给为美好生活充电、为美丽中国赋能，为服务构建新发展格局作出积极贡献。

灵活可控、坚强交互的社区智能高效配电网系统是未来社区能源传输的重要传输通道，也是适应分布式电源以及多样性负荷接入、实现配电网的最优网络结构的基础。可从弹性坚强配电网结构、社区直流配电系统、智能化配电站房和智慧配电系统这四方面了解社区智能高效配电网系统各个层级，实现电网与用户能量流、信息流、业务流的灵活互动，促进多元化源荷的即插即用与分布式清洁能源的就地消纳，构建资源配置优化、能源清洁高效、用户广泛参与的新型供用电模式。

2. 社区智慧集中供冷供热系统

传统社区中，由于负荷的不稳定、价格较高等原因，冷源、热源不能持续供应。未来社区居民对生活品质的提高必然伴随着夏、冬两个季节的集中供冷供热需求，对于负荷稳定的供冷供热可采用多种方式，满足用户用能品质、可靠性和经济性的需求。如电力燃气互补互济，利用夏季用电高峰、冬季燃气使用高峰的特点，通过燃气分布式发电技术平缓电力和燃气的负荷曲线。

（1）燃气三联供系统。天然气作为清洁高效的低碳能源，其快速发展可有效改善环境、减少二氧化碳（CO_2）排放、优化能源结构，尤其是燃气冷热电三联供可实现能源梯级利用，具有输配电损耗低、能效利用高、供能安全可靠、节能环保及个性化强等优点，成为现阶段能源发展的一大热点。国家发展改革委发布的《关于加快推进天然气利用的意见》中提出，大力发展天然气分布式能源，建立天然气分布式能源示范项目。由于燃气冷热电三联供项目处在我国油气和电力体制改革机遇期，且能与生物质能、风能、太阳能、地热能、余压余热余气等能源形式耦合互补，在未来必将得到迅速发展，成为能源利用的重要组成部分。燃气冷热电三联供是指以天然气为主，燃料带动燃气轮机或内燃机等燃气发电设备运行，产生电力以满足用户电力需求，而系统排出的废热则通过余热锅炉或溴化锂等设备向用户供热、供冷。三联供系统能实现能源的梯级利用，其能源综合利用效率高达 80% 以上。

（2）热泵系统。热泵系统是近年来备受关注的新能源技术。泵是一种可以提高位能的机械设备，比如水泵的作用主要是将水从低位抽到高位。热泵是一种能从自然界的空气、水或土壤中获取低位热能，经过电能做功，提供可被人们所用的高位热能的装置。热泵的性能一般用制冷系数（COP 性能系数）来评价。制冷系数的定义为由低温物体传到高温物体的热量与所需的动力之比。通常热泵的制冷系数为 3～4，也就是说，热泵能够将自身所需能量的 3～4 倍的热能从低温物体传送到高温物体。所以热泵实质上是一种热量提升装置，工作时它本身消耗很少一部分电能，却能从环境介质（水、空气、土壤等）中提取 4～7 倍于电能的装置，提升温度进行利用，这也是热泵节能的原因。主要有空气源热泵、水源热泵和地源热泵。

（3）蓄能系统。蓄能系统是利用电力系统负荷低谷的时候制冷（热），在电力系统负荷高峰的时候释放冷（热），转移高峰电量，平衡电网负荷，从而起到低碳节能的效果。

蓄能系统分为冰蓄冷系统、相变蓄热系统、水蓄冷系统等。

3. 储能技术

储能技术将成为未来社区中一项重要技术，根据中国能源研究会储能专委会的统计，抽水蓄能是当前累计装机规模最大的一类储能技术，电化学储能紧随其后应用，其他还有氢能、压缩空气储能、飞轮储能、相变蓄热、熔融盐储热等技术。

以上储能技术各有特点，如飞轮储能具有功率密度高、使用寿命长和环境友好等特点，缺点主要是充放电时间短、自放电率较高等，适用于快速调频和企业 UPS 等；氢能是通过工业制氢或电解制氢取得氢气，氢能主要特点在于氢是一种高能燃料，而且使用过程中不产生任何污染，缺点是总体的能量转换效率低（低于 50％）、成本高、存在安全问题等；蓄热（冷）作为一种单向的储能技术，主要包括冰蓄冷、水蓄冷、熔盐储热，介质可以是熔融盐或者相变材料。

要实现储能由商业化初期向规模化发展的过渡，在未来社区建设以新型储能系统就是其最好的应用。对于社区级的应用，电化学储能主要包括磷酸铁锂电池和三元锂电池、液流电池、铅炭电池等新型电化学储能，现阶段主要还是以磷酸铁锂电池为主，未来一段时间也会占据主导。社区储能的重点就是建设源网荷储协同发展的系统，打破电力潮流单向流动的传统概念，使每一个用户，即能源的消费者也成为能源的生产者，为用户带来极大的便利。随着储能技术的不断完善，基于储能的虚拟电厂应运而生，储能将为我们的能源绿色转型做出重要的贡献。

4. 零碳建筑

我国发布并实施的《近零能耗建筑技术标准》（GB/T 51350—2019）中参考了国际各国的发展趋势，在重点关注建筑采暖、制冷能耗降低的前提下，同样兼顾了可再生能源的利用，为建筑运行阶段节能减排提出了明确的方向。由于可再生能源清洁无污染，开发成本低，潜力巨大，全球正在积极开展可再生能源利用的相关研究。零碳建筑设计时应根据气候特征和场地条件，通过被动式设计降低建筑冷热需求和提升主动式能源系统的能效达到超低能耗，在此基础上，利用可再生能源对建筑能源消耗进行平衡和替代达到近零能耗，有条件时，宜实现零碳建筑。

5. 社区资源集约综合利用

未来社区高度强调"低碳发展"，主张在社区生产生活过程中贯彻绿色低碳方式，促进社区生产生活方式向低碳化发展转型，实现社区资源集约综合利用是未来社区建设的必然要求。为实现未来社区资源集约综合利用，重点研究智慧路灯系统、"光伏＋多场景"融合、综合管廊建设等方面的应用，从技术特点、场景应用、投资成本、发展前景等诸多方面都可展现出未来社区集约综合利用和低碳生活的美好蓝图。

"光伏建筑一体化＋储能"是未来社区九大场景中一个重要场景，被列为多元能源协同供应及低碳场景的重要内容。重点研究"光伏＋多场景"融合主要包含 3 类场景，分别为社区中的建筑应用（建筑区）、公共区域的配套设施应用（公用区）以及社区居民和家庭的生活应用（家居区）。具体包括"光伏＋商场""光伏＋医院""光伏＋公交站"等多类应用，详细展现了光伏融入建筑、融入社区、融入生活的靓丽风景。

6. 电动汽车技术

我国电动汽车处于发展初期，受政策影响较大。近年来，国家出台了一系列政策引导推动我国电动汽车产业的发展，2020 年 11 月，国务院印发《新能源汽车产业发展规划（2021—2035）》，提出到 2025 年新能源汽车新车销售量达到汽车新车销售总量的 20% 左右，到 2035 年纯电动汽车成为新销售车辆的主流，公共领域用车全面电动化，燃料电池汽车实现商业化应用，高度自动驾驶汽车实现规模化应用，有效促进节能减排水平和社会运行效率的提升。根据规划要求，预计我国新能源汽车行业将迎来快速发展，同时电动汽车作为主推新能源汽车市场成长空间较大。市场分析专家预计，到 2030 年，中国电动汽车保有量将发展到 1 亿的规模，这意味着，从今年开始，在接下来的 10 年，新能源汽车市场将呈现直线爬升超速增长态势。

电动汽车的保有量不断增加，给社区充电及能源格局带来巨大的挑战和机遇。

（1）挑战主要有：①加重电网的负荷，需要进一步增加电源投资和电网投资以满足日益增加的用电量，并对电网的经济学和可靠性产生负面影响；②电网调度控制难度增加，由于电动汽车用电行为和充电时间及空间分布的不确定性，电动汽车负荷带有一定的随机性，由此增加电网调度的难度；③影响电能的质量，电动汽车属于非线性负荷，所使用的逆变器、整流器等电力电子设备会产生谐波，影响电能质量。

（2）机遇主要有：①通过有序充电等技术降低充电负荷对电网的影响，利用价格等市场经济的手段引导电动汽车错峰选择充电设施充电，提高了电网和充电设施的利用率；②大规模电动汽车接入电网后实现和智能电网的深度耦合，为电网提供大量灵活性负荷，并结合储能设备，形成社区级的虚拟电厂；③加快了能源与信息的深度融合，电动汽车的发展促进了无人驾驶、智能充电技术的发展，实现车联网、能源网和互联网的深度融合。

7. 能源管理系统

智能的未来社区需要搭配社区智慧能源监测平台，社区智慧能源监测平台主要介绍了平台的设计原则、结构以及功能，并着重研究了平台的电气火灾监控系统功能及运用场景。建筑能源管理系统则主要明确了能源管理系统的概念，研究了该系统的功能、使用特点及优点。后续重点开展电能质量治理系统、智能照明系统、智能安防监控系统、智能恒压供水系统及智能供暖系统等分系统功能的研究和应用。

8. 社区能源大数据中心

社区能源大数据中心的建设以电力数据为核心，接入电、水、热、新能源等社区能源数据以及社区居民生活、出行、环保、安全等相关数据，利用大数据化措施来服务未来社区能源生产、传输、消费等相关环节，以智慧能源支撑智慧社区建设。

社区能源大数据中心从应用架构划分，主要分为社区能源监测平台和社区能源管理系统，利用数据采集、数据存储、大数据计算、数据挖掘等技术手段实现社区能源大数据的监测和管理，实现数据可视化，保障数据安全。

社区能源大数据中心从部署架构的层面划分，主要分为社区综合用能、社区绿色出行、社区家庭能源服务及社区智能物业4个数据板块，实现智慧路灯、智慧充电、智能家居、社区安防等应用。

1.3 国外低碳社区发展

未来社区聚焦多能集成、节约高效，构建"循环无废"的未来低碳场景。低碳有减少直接碳排放和降低间接碳排放两层意思。

（1）减少直接碳排放。包括人员出行交通、社区内部交通、建筑材料废弃物的运输，还有天然气、液化气化学能源的直接燃烧来降低直接碳排放，并且通过种植植物来进行碳汇（Carbon Sink）。

（2）降低间接碳排放。主要指建筑运行、居民生活、公共照明的用电，还有降低污水处理耗能和垃圾处理的碳排放。

相较于国内的未来社区低碳建设，国际上低碳社区的起步更早，发展更为成熟。国际上低碳社区的建设主要是从交通、建筑、能源、资源、绿地五方面进行建设。下面搜集了一些国际上较为成功的案例，可供参考。

1.3.1 英国贝丁顿（BedZED）零碳社区

英国是最早开始进行低碳转型的国家，在低碳建设方面积累了丰富的理论和实践经验，英国在低碳社区领域10年来的实践经验及运行模式，为低碳社区建设提供了学习典范。2009年7月，英国国家战略方案《英国低碳转型计划》（The UK Low Carbon Transition Plan）明确将"家庭和社区的低碳转变"列入英国社会转型的五大重点任务之一，并明确了到2020年家庭和社区的碳减排贡献率达到13%的具体目标。

英国拥有世界上第一个零碳排放的社区，即英国最大的环保生态小区——贝丁顿（BedZED）零碳社区。据统计，贝丁顿社区的建设成本比伦敦的普通建筑要高出50%。但从长久来看，投入多、消耗少，既削减整个社会的成本，又削减了社区的长时间能耗。与同类居民区比较，在确保生存质量的前提下，贝丁顿社区住户的采暖能耗下降了88%，用电量削减25%，用水量只相当于英国平均用水量的50%。自居民2002年入住以来，贝丁顿社区蜚声世界，是国际公认最重要的可持续能源建筑与居住的范例。社区设计理念围绕"零碳"二字，有以下特点。

1. 永续修建

贝丁顿零碳社区选址于一片废弃土地上。在建设之初，选用可持续的修建材料，确保为"天然的、收回运用的、在生态村半径 35 英里❶内能够找到"的材料：房子的钢架构来自抛弃的火车渣，木头和玻璃从邻近的工地收回，沙土、砖等其他材料均在最近间隔的当地购买。选用木质窗框而不是低品质未增塑的聚氯乙烯，仅这一项就相当于在制作过程中减少了 10％以上的碳排放。严格的质量要求使得修建计划寿命都超过 120 年。与此同时，高密度的修建布局可以削减修建物散热；工作与住所修建混合共存，可以缓解交通能耗。

2. 绿色动力

修建者期望贝丁顿社区需要的一切能量都来自可再生动力而不是化石能源。关键在于其热电联产设备、太阳能和风能设备为社区供给更清洁高效的动力，在理想情况下，热电联产设备不利用英国高压输电线网的天然气和电力，而是用社区内树木修剪下来的枝叶，并能在发电的同时供热。供热方面，以量体裁衣、融于天然的低碳理念，将下降修建能耗和充沛运用太阳能和生物能结合，构成一种"零采暖"的住所形式。一切住所坐北朝南，可最大极限铺设太阳能光伏板，使其充分吸收日光，在相对面积内最大极限地储存热量和产生电能；北向窗户选用 3 层中空玻璃，合作超保温墙体等使得房子自身的能量丢失降到最低；选用天然通风统一降低通风能耗；房顶色彩艳丽的风动力风帽不断滚动引进新鲜空气、排除浑浊空气，并完成室内废气和室外冰冷空气的热交换；房顶很多栽培的半肉质植物"景田"，不止有助于避免冬季室内热量流失，还能吸收二氧化碳，改进整个生态村的形象。

3. 循环资源

用屋檐上流下来的雨水冲洗马桶、浇灌花草，而冲刷过马桶的水，经"生存机器"，即生存污水处理设备，运用芦苇湿地对生存污水进行过滤后再利用。水龙头里流出的是用太阳能加热的水，烧饭用的沼气是食物残渣在地下发酵产生的，居住者自己身体散失的热量也能被精确地收集并充分利用。

4. 低碳交通

贝丁顿社区削减小轿车交通的方针，在规划中得到充分的体现：社区内供给工作场所，完成住商两用，住所及商业空间共存，经过就地工作和就地消费以削减交通消耗。

5. 节能家居

一切家庭装置都是对环境危害程度最低的冰箱、制冷设备和炊具；利用低能耗的灯具和节能电器；详尽的废物分类和循环利用。在确保居民生存品质的同时，从居民生存的细节完成节能。

---

❶　1 英里约为 1.61km。

1.3.2 德国最"绿"小镇沃邦（Vauban）社区

沃邦社区被誉为"德国可持续发展社区标杆"，也是整个欧洲低碳经济的人居典范，理想社区示范图如图 1-5 所示。在构想之初，沃邦社区就将"人"定位为可持续发展的中心与最终目标，其推动力来自"灵感""创意"与"居民参与"，德国人认为只有这样做，环保、社区发展、经济、文化并重的远景才能实现。

图 1-5 理想社区示范图

沃邦城市最主要的经验是"不应该以为人们规划为目标，而应该使居民得以自己去塑造适合他们的环境"。这也是建设智慧城市时应该运用的理念。

1. 社区生活对车辆需求不大

沃邦实行私车减量的规划理念，如今已见成效，这里每千人仅拥有 174 辆小汽车（德国平均水平为每千人 504 辆）。这是因为该区居民足不出区便可完成日常购物和服务需求的短途城区。共享汽车在这里拥有专属停车位，小巷建有活动设施，并有阻止车辆进入的护栏。

2. 可再生能源房子

沃邦社区内的房屋采用环保设计，可以最大限度减少热损失，节约能源消耗，房屋还点缀进口木头，配置精美的阳台。在这里，几乎所有的公共建筑，包括居民住宅、办公楼、超市、停车场等都是太阳能建筑，屋顶上都安装了大片的太阳能板，如图 1-6 所示。居民屋顶上的太阳能电池板并不是自己家用的，而是"返还"到城市供电系统，并获取收益。沃邦小区的用电和暖气则靠附近一座小型热电站，该热电站烧的不是煤，而是碎木屑，这同样可以减少碳排放。

图 1-6（a）所示的太阳能小区由多座联排建筑组成，这也是世界上第一个全由正能源建筑组成的社区，加上多功能建筑"太阳船"，总居住面积达 $7850m^2$；图 1-6（b）所示为"向日葵"向阳屋，通过建筑内设的旋转设计，既可以通过旋转迎面接收太阳光，也可以背面避开太阳光，"向日葵"向阳屋是全世界首座正能源建筑，其产能是自身能耗的 3 倍。

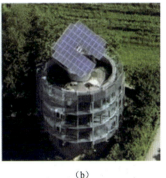

（a）　　　　　　　　　　　　（b）

图 1-6　太阳能建筑

（a）太阳能小区；（b）"向日葵"向阳屋

3. 节约行动

社区家家户户门外摆放着贴有分类标签的垃圾桶，如图 1-7 所示，分别收集纸张、玻璃、有机垃圾及其他诸如金属、塑料盒等有回收价值的垃圾。垃圾回收处理已成为该城市一个重要产业。城市近 80% 的用纸为废纸回收加工纸。厨房和花园中产生的有机垃圾在腐烂后经快速处理可成为混合肥料，这些肥料可为植物栽培提供丰富的养分。用堆肥种植的蔬菜，社区居民可随意采摘。为了在雨水利用方面与生态和自然相协调，沃邦让需要排放的雨水经过有植被的露地之后再渗漏到地下，或把雨水用分道排水系统排

图 1-7　有分类标签的垃圾桶

到江湖里。还采取对污水和雨水分别收费的方式，调动了居民们自觉保护和利用水资源的积极性。

1.3.3　日本丰田"编织之城"

随着时代的发展与技术的进步，"大社区"的涵盖范围也逐渐得到了拓展，"未来社区"的理想状态是建设更加智能、绿色、包容的社区，日本丰田"编织之城"则更能体现这一点。

日本丰田"编织之城"将作为一个生活实验室，用于测试并推进移动、智能、互联以及氢动力基础设施和行业协作，希望通过基于历史和自然的技术驱动未来，让人们和社区凝聚在一起。

项目是以人工智能和分级交通为主导的"未来原型城市"，将把太阳能、地热能和氢

燃料电池技术投入利用，从而努力构建一个碳中和的社区。编织之城建成后，将能容纳2000人居住，他们将在这里体验未来自动驾驶车辆、服务机器人和智能家居。

1. 多元供能

城市将由丰田自己研发的氢燃料电池、屋顶及路面的太阳能电池板提供能源动力。社区将利用地热能、氢燃料电池技术的组合，为居民提供建筑能源。"编织之城"理念图如图1-8所示。

图1-8 "编织之城"理念图

2. 智能数据

每个建筑都配备相应的传感器，连成一个城市数据操作系统，通过这个系统将人、建筑物、车辆全部连接在一起。在人们出行之时，AI会智能分析人们所处环境状况，并通过系统操控自动驾驶车辆的行驶状态，保证了人车分流的安全性。智能数据引导下的街道如图1-9所示。

图1-9 智能数据引导下的街道

3. 智能家居

"编织之城"的住宅还将测试诸如家庭机器人等新技术以协助日常生活。这些智能家居充分利用基于传感器的 AI 技术实现全连接功能，如杂货店自动送货、洗衣服务和垃圾处理等，与此同时还可以欣赏富士山的壮丽景色。

1.4   未 来 社 区 能 源 发 展

1. 提高清洁能源占比

国际社区清洁能源利用率较高，国内未来社区能源发展应积极布局清洁能源，大力发展光伏发电系统，积极探索风力发电、生物质供能、地源热泵、氢燃料电池等清洁能源技术，多元发展能源供给，实现低碳发展。

2. 充分利用能源管理系统

能源管理系统是未来社区能源的"大脑"，可检测实时用能数据，通过智能管理系统、AI 智能对用能数据分析，采取适合当前场景的能源运行策略，协助多能源协调配合发展。

3. 加强试点工作的系统性

社区应避免大拆大建，从全生命周期考虑城市发展，是城市建设领域的重要考量。同样，在未来社区能源试点工作上也应考虑工作的系统性，避免重复工作，并充分注重与我国"双碳"目标等宏观层面低碳工作的衔接。

4. 结合多方力量建设未来社区

利用后发优势充分借鉴先进社区在社区规划、项目引进、低碳管理方面的经验，有针对性地进行未来社区实践的探索，并加强与专业机构的合作，统筹利用高校、研究机构、咨询公司、节能服务企业等多方面的特长和资源，共同推进社区能源建设。

第2章

社区智能高效配电网系统

社区智能高效配电系统由弹性配电网网架、智能组网模式、高效配电系统和智慧用电方式组成。本章从上述 4 个方面介绍了当前灵活可控、双向交互，满足清洁能源接入和用户多元化需求的新型配电系统结构，实现"互动服务多样、市场响应迅速、接入方式灵活、资源配置优化、管理高效集约、多方合作共赢"的智慧用电服务目标。

2.1 弹性坚强配电网架

2.1.1 未来社区的配电网特征

未来社区建设试点聚焦人本化、生态化、数字化三维价值坐标，以和睦共治、绿色集约、智慧共享为内涵特征，需要弹性坚强配电网架提供能源支撑。弹性坚强配电网架非常契合未来社区的能源规划与建设，是以传统坚强智能配电网为平台，融合先进信息通信技术、智能控制技术、综合能源技术和用户互动技术，深度挖掘源网荷储资源潜力，逐步形成柔性、刚性与韧性并济，互联电网与微电网并存、交流与直流混联、集中调度与自治决策协调的弹性配电网架，能够实现源网荷储协调运行，提升安全裕度、运行效率和承载能力。

未来社区的配电网主要有以下 3 个特性。

（1）正常运行态下的柔性。网格"生命体"能够主动调整网络结构和电压分布，使配电网处于低损高效优质的运行区间；主动适应检修、施工等可控的方式安排，主动防御可能发生的故障，减少用户的停电时间；主动管理各类灵活性资源，满足分布式电源的高效消纳和多元化负荷的友好接入，表现出自调节、自适应的柔性。

（2）一般故障态下的刚性。网格"生命体"能够主动研判故障发生位置，通过网络重构快速隔离故障，恢复对非故障段用户的供电，表现出抗干扰、自愈合的刚性。

（3）极端故障态下的韧性。网格"生命体"能够主动识别重要用户，通过灵活自组网方式形成主动孤岛，实现降额自持运行，确保重要用户持续不间断供电，表现出抗风险、自恢复的韧性。

2.1.2　未来社区的网架规划

1. 规划目标由"单目标"向"多目标"转变

传统的配电网规划以提升供电可靠性为目标，以满足负荷增长为任务。现阶段配电网已成为清洁低碳的关键环节以及提质增效的主要载体，因此未来社区配电网规划应从安全可靠的单目标规划转向兼顾灵活性、可靠性、经济性的多目标优化规划。未来社区应以场景为基础，开展以电为核心的多能融合规划，充分考虑多种能源之间的空间互补、时间互济特性，制定多种能源优化配置方法与协调运行策略，实现电网由单一电能输送载体向多能优化配置平台的转变。

2. 规划方法由网格化规划向场景化规划延伸

随着接网元素的多样化和电网形态的深刻变化，区域资源禀赋和发展定位对配电网发展的影响越来越大。差异化选择规划场景，因地制宜开展多场景概率性规划，对未来社区配电网规划意义重大。未来社区配电网规划需要从不同维度出发，构建多样化的电网规划场景并进行组合，针对性地制定差异化电网规划设计技术原则，实现电网规划的精准匹配。

以能源流向划分的规划场景如图 2-1 所示。由图可见，规划场景可分为能源输出型、能源消费型、能源自平衡型场景 3 种。未来社区一般属于城市有机更新或新区建设项目，符合能源消费型场景，据此提出差异化的规划思路和重点，即多元符合聚合互动，提高电网自愈能力，建设坚强可靠的目标网架。

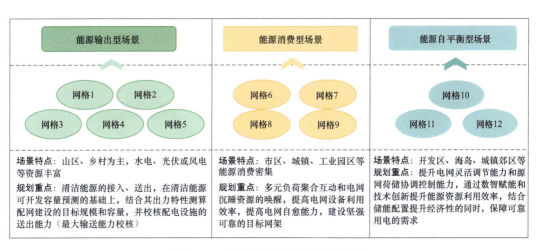

图 2-1　以能源流向划分的规划场景

3. 规划对象由供电网络向能源网络拓展

随着新能源大规模并网和新型用能设施的大量接入，电力流向呈现不确定性，传统供电网络也逐步向多元参与、多态转换、多能融合的能源网络转变，因此未来社区配电网规划应从传统的供电网络向能源网络拓展,满足源网荷储协调运行和多种能源互补互济。

(1)充分考虑未来社区各类分布式电源和用电负荷的时空分布特性,建立时域平移互补、空间高效聚合的用电网格划分体系,最大化地挖掘源荷储灵活资源的双向调节潜力。

(2)基于不同未来社区各类电源出力和负荷特性的匹配水平,以大数据为驱动,建立典型网格能源供需场景集,明确各类网格差异化的负荷错峰系数,精准消减规划阶段电网设备的冗余配置。

(3)基于网格划分的层次结构,采取典型特征负荷曲线自下而上的叠加策略,逐层获取"地块—单元—网格—分区"的全景负荷时空分布信息,大幅提升空间负荷预测精准度。

2.1.3　配电网网架建设阶段

未来社区的配电网架建设可分为坚强网架阶段、低碳扩展阶段和生态开放阶段3个阶段,如图2-2所示。

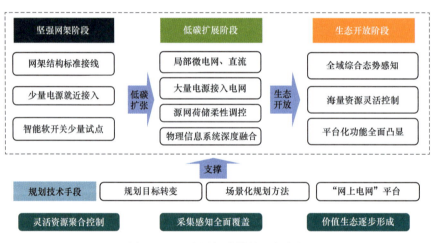

图2-2　配电网架建设的3个阶段

不同阶段在物理层、信息层和价值层均呈现鲜明特征。物理层指物理层面上的网架结构、设备水平和源荷储接入状态,网架结构、设备水平和源荷储接入水平随着弹性坚强电网的建设逐步提升;信息层指信息层面上的智能感知控制和以此为基础的多元灵活互动,终端感知能力和多元灵活互动水平随着弹性坚强电网的建设逐渐提高;价值层指平台层面的能源生态和市场生态构建,随着弹性坚强电网的建设,能源生态和市场生态逐步成熟,配电网价值创造能力凸显。

1. 坚强网架阶段

未来社区配电网由无源向有源发展的初级阶段,少量分布式电源接入配电网。中压电网的典型结构以双环网、单环网、多分段适度联络为主，核心节点布局少量智能软开关，具备局域合环运行条件。

2. 低碳扩展阶段

配电网接入大量的分布式电源，配电网潮流复杂化，新能源倒送情况显现。中压典型结构以双环网、单环网、多分段适度联络为主，微电网、交直流混合配电网作为补充，关键联络节点布局智能软开关，逐步实现有效的组间联络。

3. 生态开放阶段

分布式电源渗透率达到较高水平，微电网广泛分布，形成了具备互联互动、分区自治的泛在微能源网络。中压典型结构以蜂窝状结构为主，实现多网格间、网格内供需平衡，智能软开关等电力电子柔性装置在中低压侧大量应用，实现柔性组网。

2.1.4　配电网网架建设重点

目前来看，未来社区的配电网架处于坚强网架阶段，长远期将会发展至低碳扩展阶段和生态开放阶段，弹性坚强网架是未来社区配电网的建设重点。

1. 智能自愈，提升电网柔性

通过配电自动化、合环返电、发电车接入等方式，主动适应检修、施工等可控的方式安排，主动防御可能发生的故障，减少用户的停电时间，实现未来社区计划检修不停电，故障自动隔离，提高供电可靠性。

在持续推进标准接线的基础上，以网格为单元，逐步打造局域化、协同化的高自愈"元胞聚散体"，以更加灵活组网方式全面提升电网安全裕度。

弹性坚强配电网应具备的基本特征是全电压等级的灵活转供能力。

（1）高中压侧，当前 110kV 双侧链式结构、10kV 多分段多（适度）联络架空网、10kV 单环/双环电缆网已具备了一定的转供能力，配电网中高压网络已形成高弹性电网的较初步形态，典型接线模式见图 2-3～图 2-6。未来，考虑在原有配电网典型供电模式的基础上，各类供区联络标准上靠一级，并增加和优化开关、环网单元配置，提升联络的有效性和均衡度。必要时，配置柔性电力电子开关，持续增强环网单元和架空组网络的组内联络能力，对于源荷互补性强的供电单元，逐步形成有效的组间联络，为孤网运行和互补互济奠定一次网架基础。

未来社区的配电网一般采用多分段、单环式、双环式结构，其结构示意分别如图 2-3～图 2-6 所示。

图 2-3　多分段单联络

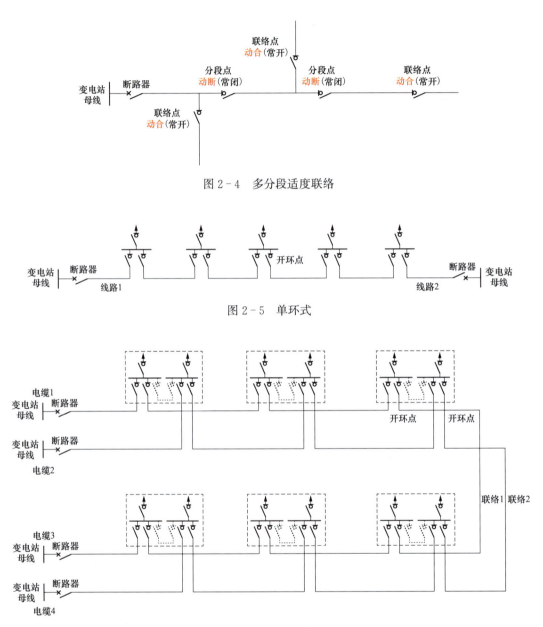

图 2-4　多分段适度联络

图 2-5　单环式

图 2-6　双环式

（2）低压侧，目前电网普遍未形成有效联络结构，典型接线方式有放射式和树干式，分别如图 2-7 和图 2-8 所示。但是绝大部分灵活负荷和相当一部分光伏为低压接入，配电网功率扰动是从低压向高压渗透与扩散，低压放射形态不利于灵活资源互补互济；低压放射性结构制约了电网运行方式灵活性，不利于故障停电区域最小化，没有充分释放"元胞"生命力，导致电网过于依赖中高压投资带动可靠性提升，造成浪费。因此，推荐试点应用低压联络结构，优先选择配电变压器低压母线联络方案。

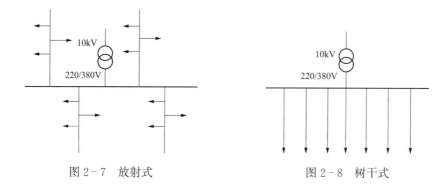

图 2-7 放射式　　　　　　　　　　图 2-8 树干式

2. 协同互济，提升电网刚性

按需配置智能软开关等电力电子柔性装置，突破短路容量、电磁环网等因素对网架结构的限制，通过局域中压合环运行、低压台区互联实现多个元胞电网间的互联互通、互供互济，提升区域电网抗扰动能力。

电力电子柔性装置是弹性坚强配电网构建网格"生命体"的重要元件，实现网格之间的能量交换和网格内的自组网。

多网格间区域电网层为中高压交直流配电层，在区域内可根据各地区发展实际情况分为多个区域电网单元，每个区域电网单元均有多个 PCC 节点与下层网格电网相连。建议采用蜂巢状拓扑，每个 PCC 节点可以互联多个区域电网单元，可以实现多网格间区域电网层的电力功率传输更为平稳，多网格间系统层面电力系统供需平衡。同时，地区内的大中型新能源电厂可以更方便的并入多网格间区域电网，直接为本地区提供能源供给。

在变电站高压侧柔性互联场景时，主要提升配电网供电能力，适合配置高压智能软开关、柔性变电站等电力电子柔性装置；在中高压不同电压馈线互联场景时，主要实现不同电压等级相互支撑，适合配置电力电子变压器、柔性变电站等电力电子柔性装置。

在中压馈线柔性互联环网运行场景时，主要实现联络开关或分段开关的作用，适合配置 AC/DC 变流器、DC/DC 变压器、中压智能软开关等电力电子柔性装置；在低压馈线柔性互联场景时，主要实现低压馈线末端互联，提升馈线电能质量，可实现协调消纳可再生能源、改善电能质量和均衡馈线负荷多种调控目标，形成配电网综合调控手段，适合配置 AC/DC 变流器、SSTS、低压智能软开关等电力电子柔性装置。

3. 高度自治，提升电网韧性

充分发挥就地分布式资源的平衡价值，以微电网等可耦合单元为主要载体，统筹利用应急电源车、储能、可调负荷、光伏等灵活资源，增强电网就地平衡和分层自治运行能力，实现局部电网降额自持运行。

（1）源荷储接入技术原则。提升对大规模分布式电源和电动汽车等多元化负荷的承载能力是弹性配电网的首要任务，未来社区配电网要推动分布式电源高效消纳，释放电动汽车时空弹性，在未来社区居民区、办公场所等驻地式慢充点，应用分时段充电控制与可变功率控制技术手段，实现电动汽车用户在无感知状态下的有序充电；在公共快充站点，应用分区充电服务灵活价格引导机制，实现电动汽车用户在空间分布式与电网友好互动。

1）分布式电源接入容量。

a. 线路最大分布式电源接入能力测算。分布式电源承载力主要受到设备限额和电压质量两个因素制约。电压质量可考虑为不进行电压调节设备动作的情况下，母线和馈线末端电压合格率不低于95%。从设备限额考虑，极限接入容量计算公式为

$$极限接入容量 = \frac{线路供电限额 \times 1.8 \times 分布系数}{源荷适配系数} \tag{2-1}$$

其中，分布系数可通过各段接入的分布式电源容量的方差衡量，为方便操作，可简化如下：完全集中单点接入场景设定为1、分散接入场景设定为1.2。源荷适配系数可根据不同类型负荷占比取加权均值，以光伏发电为例，推荐商业负荷取值1.15、工业负荷取值1.25、居民负荷取值1.4。

b. 分布式电源最优接入容量。为保证分布式电源高效消纳，容量配置按照就地平衡、网损最小原则配置。考虑分布式电源最大出力与线路最大负荷发生在同一时间断面，且负荷分布均匀时，接入位置位于线路1/2处附近时，最优接入容量为最大负荷的3/4；接入位置位于线路末端时，最优接入容量为最大负荷的1/2，当负荷集中分布时，分布式电源接入点越接近负荷集中点，损耗越小。

2）适应充电桩接入需求的电网改造。电动汽车充电桩接入配电网的相关技术要求可参考《电动汽车充换电设施接入配电网技术规范》（GB/T 36278—2018）执行。对于电动汽车规模化发展后，老旧小区的改造问题，电动汽车渗透率按照近期5%、中期10%、远期15%考虑，适时安排配变增容改造计划。小区内户均配电变压器容量建议见表2-1。

表2-1　　　　　　　　　　　小区内户均配电变压器容量建议　　　　　　　　　（kVA）

小区类型	渗透率5%	渗透率10%	渗透率15%
多高层	4.0	5.2	7.8
别墅小区	5.7	10.3	15.5

3）储能配置。

a. 电网侧储能。优先考虑电网建设成本高、峰谷差大、负荷尖峰显著和重要用户较多的区域。根据变电站、线路、台区的负荷特性，变压器按照削减最大负荷至65%所需的功率和电量考虑储能电站配置，放电时间一般为1~2h；线路按照满足"N-1"的负载率来考虑储能容量和放电时间。

b. 电源侧储能。优先考虑配置在网络阻塞、潮流交换频繁的区域，其次考虑本地消纳能力不足的区域。配置容量一般不超过分布式光伏装机容量的10%、风电装机容量的20%。储能放电时间按照1~2h配置。

c. 用户侧储能。优先考虑可靠性需求较高、电能质量敏感、峰谷差大和需求侧响应比例高的用户。对于改善供电质量的用户，可根据实际负荷规模、电能质量要求按需配置；对于峰谷套利的用户，储能容量一般可按照最大负荷的 10% 左右配置，放电时间 2h，也可根据经济效益分析，进一步确定储能配置容量。

（2）交直流混合系统。光伏发电产生的是直流电，随着分布式电源的大量接入，直流配电网的建设的必要性也越来越高，基于直流的配电网具有比现有交流配电网更好的性能，不仅可以提高供电容量，而且可以快速独立地控制交流侧有功、无功，隔离交流电网故障传播，改善传统交流配电网易产生的谐波污染、电压间断、波形闪变等电能质量问题，同时光伏、储能等分布式新能源也多呈现直流形式，通过直流接入并通过直流负荷进行消纳，电能损耗更小，利用率更高，明显提高电网运行的经济性。未来社区的配电网应将新能源并网、柔性互联换流站、网源荷储协调控制系统等建设同步考虑。

2.2　智能化配电站房

2.2.1　智能化配电站房介绍

1. 智能化配电站房定义

智慧配电房以物联网、边缘计算、大数据应用技术为基础，以"智能全景感知和智能边缘控制"为核心，突破传统配电站房以人工为主的作业方式，或安装单一监控系统、数据得不到融合应用的困局。基于智能传感器、边缘计算网关、云平台管理系统，实现配电设施的安全警卫、火灾报警、环境监测、运行状态视频监控以及电气测控、用电计量等各类信息的全景感知、实时监控、联动管控、一体化数据融合应用、分析与运维。

2. 智能化站房特征

在配电房智能化工程中，采用物联网技术进行电气设备智能管理，可以提高配电房中的电气设备的施工安装效率和技术管理水平。对于配电房智能化工程中的各个不同类型的设备，可以借助物联网技术采用不同的颜色加以区分标示，通过计算机控制技术，对电气设备进行图像监控，获取电气设备的运行数据，将电气设备的各种专业和结构都集成在一个统一的平台上，并大大提高施工现场的生产效率。同时，采用物联网技术可以实现对电气设备全寿命周期内的运行数据的智能化分析和主动管理，当发现电气设备出现异常的运行工况时，可以及时采取措施，恢复电气设备的正常运行，可以促进电气设备管理的智能化发展和信息化发展。总体而言，实现配电站（房）智能化，可以明显提高配电房智能化施工改造工程的施工精度，并节约成本、提高配电房智能化施工改造的施工质量，同时降低施工企业的施工周期，提高施工效率，故未来物联网在电气设备管理工程中具有广泛的应用空间。

通过现场部署智能传感,实现对配电站的环境、安防、设备工况、设备状态的实时监测;对异常数据进行本地运行分析判断并进行相关联动预案处理;同时根据异常等级上报相关人员。

3. 智能化站房的优势

建设配电房智能化系统,需要投入建设较多的智能化设备,配电房内应该能够实现高效可靠的数据通信,与外部通信系统进行可靠连接,配电房内的各类信息都能够实现可靠的数据交换和共享。在配电房内的主要数据类型包括视频、图像、数据等,要实现通信传输,需要安装自动化系统和通信系统,将多套不同的系统整合到统一的管理平台中,实现配电房集中监控和通信自动化。在建设的过程中,需要考虑到智能化设备的购置成本、设备的安装调试成本、智能化系统的运维成本等。

建设智能化弱电系统能够取得较为明显的经济效益。智能化弱电系统使用较为先进的自动化控制技术,并采用节能控制技术提高智能化系统中的能源使用效率,为配电房内的办公人员提高舒适的办公环境。在经济效益方面,智能化弱电系统可以降低配电房的维护管理成本、降低设备的维修成本和提高管理效率、降低人工成本等。

2.2.2 智能化配电站房的组成

1. 配电站房的组网方式

未来社区内的配电站房采用环网组网方式,即供电干线形成一个闭合的环形,供电电源向这个环形干线供电,从干线上再一路一路地通过高压开关向外配电,每一个配电支路可获得双路供电的优势。为实现环网组网模式,未来社区间的联络大量采用环网室,配置优良、智能化覆盖的环网室应具备配电自动化、防火、通风、防洪、防潮、防尘、防毒等功能,为电气设备提供一个良好的运行环境,减少电气设备因自然因素而损坏的可能性,从而大幅度提升配网运行的可靠率。

2. 配电站房自动化配置建设要求

(1)部署配电网感知层终端、通信网和智能化业务系统,感知层终端应统一接入标准与接口规范,实现数据同源采集、共享共用。

(2)通信网应灵活采用多种通信方式,满足海量终端接入下传输的可靠性和实时性要求。

(3)管理信息大区业务系统应依托公司企业中台共性服务能力,实现开放共享、快速迭代。实现配电自动化、用电信息采集全覆盖,提升配电自动化实用化水平和配电网运营管理水平,拓展未来社区的低压配电网智能监控能力,支撑新兴业务协同发展。

3. 配电站房智能化设备

(1)智能业务终端。未来社区配备的智能化站房离不开智能业务终端的支撑,智能业务终端是对设备或客户的电气量、状态量、环境量等进行采集量测的装置,根据需要具有简单的数据处理、控制和通信功能，包含各类配电自动化终端、智能巡检机器人、智能电能表、分布式电源监控终端、电动汽车充电监控终端等。其中，站内机器人采用机器人技术进行巡检，既具有人工巡检的灵活性、智能性，同时也克服和弥补了人工巡检存在的一些缺陷和不足，更适应智能和无人值守发展的实际需求，具有巨大的优越性，是智能和无人值守巡检技术的发展方向，具有广阔的发展空间和应用前景。目前，配电站房内应用的站内机器人主要有轨道式机器人和轮式机器人。

1) 轨道式智能巡检机器人。系统可根据平台电气间内的现场空间，按实际监测配电柜的需求敷设轨道，布置适量的轨道式智能巡检机器人，如图 2-9 所示。巡检机器人机身按需求挂载不同的探测器，采用轨道式进行巡检，代替人工对设备和环境进行大范围、不间断巡检，巡检机器人和轨道均进行防腐工艺处理，以满足站内环境要求。轨道式智能巡检机器人系统包含轨道式智能巡检机器人本体、通信系统、供电系统和智能巡检管理系统 4 部分。

2) 轮式智能巡检机器人。轮式智能巡检机器人是电力特种机器人系列中的一种，如图 2-10 所示，主要用于代替人工完成配电房室内巡检过程中遇到的急、难、险、重和重复性工作。轮式智能巡检机器人能有效解决传统配电房环境下检测质量分散、手段单一、智能化水平低等不足，从而将巡检人员从繁重的工作中解放出来，为电力系统无（少）人值守和智能配电房提供一种有效的智能化的检测手段。配电房轮式智能巡检机器人主要用于配电房巡检作业，主要由机器人本体、充电桩、操作手柄、移动终端组成。

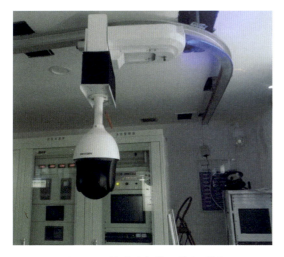

图 2-9 轨道式智能巡检机器人

图 2-10 轮式智能巡检机器人

(2) 监测传感器。监测传感器用于在户外柱上变压器、箱式变电站、环网室（箱）、开关站、配电室配置温湿度传感器等环境监测采集部件。开关站、配电室等室内含有 SF_6 气体开关柜时宜安装 SF_6 泄漏监测传感器。进出线较多的开关站、配电室配置视频监视采集识别装置。人脸识别监控设备具备人脸识别、数据库对比、自动报警、数据云端集成等功能，有利于后台人员远程监控各配电站房安保情况，完成事故排查。

（3）自动化终端配置选择。配电自动化终端包括馈线终端（FTU）、站所终端（DTU）、远传型故障指示器等，具备遥控、遥测、遥信等功能。配电自动化终端选择原则见表 2-2。

表 2-2　　　　　　　　　　　　配电自动化终端选择原则

供 电 区 域	终 端 配 置 方 式
A+	三遥
A	根据具体情况选配三遥或二遥
B	以二遥为主，联络开关和特别重要的分段开关也可配置三遥
C	二遥，如确有必要，经论证后可采用少量三遥
D	远传型故障指示器，如确有必要，经论证后可采用少量三遥
E	远传型故障指示器

未来社区规划属于 A+供电区域，终端配置方式应选择三遥。配电站房每个环网柜间隔应加装电缆故障综合研判装置，具备单相接地研判功能以及配电自动化接口，告警信号接入 DTU。

2.2.3 站房综合管理系统

未来社区内部都有开关站，这些场景是配电网中的重要节点，支撑着居民的正常生活用电。针对配电网存在设备种类繁多难以管理、运行环境复杂难以调控、缺少传输通道、缺少综合平台等问题，未来社区配电站房综合监控集中管理系统充分利用了计算机网络、图像、安防监控和防盗报警、动环监控等先进技术。该系统对各站房内的设备、环境状态、安防信息进行采集分析、处理、监测、报警，同时也可以引入火灾、烟雾、明火等信号进行联动。现场各被监测点的实际状态通过网络传输到调度中心，可在调度中心查看各个站房的整体系统运行情况。

1. 站房业务管理系统功能

（1）通信方式灵活。未来社区配电站房综合监控集中管理系统利用 GSM、4G、光纤等通信方式实现远程遥测、遥信、遥控功能，解决小区配电站房无远程通信通道的问题。

（2）一体化管理。未来社区配电站房综合监控集中管理系统针对当前站房无人值守的状况，通过增加防盗报警、火灾报警、SF_6 气体泄漏报警、缺氧报警等功能，及时将相关异常情况告知运维人员，实现安保、消防等功能一体化管理，消除事故隐患，提高运行管理水平。

（3）提供配电网自动化平台。未来社区配电站房综合监控集中管理系统增加了对开关量的遥信、断路器的遥控、相关电气参数及变压器超温的遥测功能，使运维人员及时掌握各站房的设备与环境运行状态，实现远程操作，提高配电网自动化水平。

（4）多站集控。未来社区配电站房综合监控集中管理系统可对多个小区的站点进行组网，单点管理辖区内所有的站点。

2. 智能环境监控告警系统功能

未来社区配电站房综合监控集中管理系统的出现对于促进配网智能化有积极的促进作用。大大提升了未来社区配电站房的智能化管理水平。

（1）集中监控。利用集成平台对所有数据进行集中监控，一旦超过设定值将会自动远程平台报警，多个设备的自动联动也可以得到实现。

（2）提升配网建设与管理水平。智能综合环境监控系统得到完善以后，可以针对安防、视频、门禁及运行环境进行全方位的、一体化的远程监测与控制。它以提升优质服务水平和供电可靠性为目标，使配电房管理集约化、智能化得到实现，全面提升配电网建设及管理水平。

2.3　社区直流配电网系统

2.3.1　直流配电网发展背景

当前全球范围内正在经历第三次能源转型，电源和负荷的组成都发生了明显的变化。电源侧，随着"双碳"目标的确立，中国能源结构不合理、高碳化石能源占比过高，能源利用效率偏低、能耗偏高等问题亟须解决，能源清洁低碳转型成为必然趋势。风、光、潮汐、生物质能等绿色分布式能源的消纳利用能力成为衡量电网发展的试金石。负荷侧，随着电力电子技术的发展，大部分家用用电设备如电脑、液晶电视、变频调速空调、洗衣机、冰箱等都需经过整流装置将交流电变换成直流电供给负荷使用，直流供用电系统将是实现电网降本提质增效的有效手段，是构建能源互联网的核心技术，也是能源互联共享体系的关键环节。

2.3.2　国内外直流配电网发展历程

配电网是指从输电网或地区发电厂接受电能，通过配电设施就地分配或按电压逐级分配给各类用户的电力网。传统配电网采用交流配电方式，利用变压器的电磁感应原理进行电压变换。直流配电网采用直直变换技术，利用对晶闸管、自关断器件等电力电子器件的快速通、断控制，把恒定直流电压变换成一系列脉冲电压，通过控制占空比的变换来改变这一脉冲序列的脉冲宽度，以实现输出电压平均值的调节。直流配电网的主要特点有线损小、可靠性高、无需相频控制、接纳分布式电源能力强等。

国外，美国最先开始研究直流配电网。2003 年，北卡罗来纳大学就以直流舰船配电系统为例探讨了直流配电应用于工业系统的相关设计；2007 年，美国弗吉尼亚理工大学电力电子系统中心（Centre for Power Electronics Systems，CPES）提出了直流楼宇供电（Sustainable Building Initiative，SBI）研究计划，即研究楼宇中的直流配电系统，主要为未来住宅提供电力。在 2011 年，美国北卡罗来纳大学提出了未来可再生电能传输与管理（Future Renewable Electric Energy Delivery and Management，FREEDM）系统结构，用于构建未来自动灵活的配电网络。

国内方面，自 2009 年开始，浙江大学开展了基于柔性直流的智能配电关键技术研究与应用，重点研究直流配电网的基本框架、电源接口、换流器配置和经济性等方面。国家电网公司成立了交直流混联、风光储一体化的新能源及智能配网协调控制实验室，开展分布式新能源并网及交直流混联电网等方向的研究。

如今的信息化社会中，电力已成为社会进步和产业发展的基础能源，可通过风、光、潮汐、化石能源等多种能量转化，有多电压等级、高可靠性、高弹性输配电网，能满足传统负荷、电动汽车、储能等多元负荷需求。

2.3.3　直流配电网的优势

1. 直流配电网的电能质量

对于半导体芯片等生产行业，电压波动、频率变化、闪络冲击、3 次及以上谐波幅值增量都可能对产品生产造成较大影响。在采用交流电供电时，交直流变换易导致谐波电流注入系统，影响电能质量，降低设备能效，因此大部分设备通过配备功率因数补偿装置解决上述问题。从设备使用运行角度来看，交流电供电会因诸多交直流变换环节而增加设备成本和能耗，同时对公用电网系统的可靠性造成影响；直流配电网本身不存在相位和谐波的问题，因此直流配电网能提供的电能质量优于交流电网。

对于建材、汽车、电缆制造等行业，生产中会形成大量的冲击负荷，从而对交流配电网造成冲击，引起电压骤降等电能质量问题，影响配电网的稳定性；直流系统无同步问题，可有效隔离交流侧故障和干扰，冲击性负荷对于直流配电网的影响较小，在可控范围内。

2. 直流配电网的传输效率

直流系统不存在无功电流分量，在提供同样有功功率的情况下，与交流电相比，直流系统的电流较小，损耗较小。考虑到交流电缆金属护套所引起的有功损耗及交流系统的无功损耗，在直流配电网直流电压为交流系统线电压两倍的情况下，直流配网的线损仅为交流配电网的 15%～50%。

3. 清洁能源及储能设备的便捷接入

风能、太阳能等大规模分布式能源并网已成为主流趋势，分布式电源发出的直流电具有随机性和间歇性，如接入交流配电网，需要配置相应换流器及储能装置，并通过复杂的控制策略才能实现交流并网。而各类储能装置，如蓄电池、超级电容器等，都以直流电形式存储电能，必须通过双向 DC/AC 换流器和复杂控制，才能使用于交流配电网。因此，如果采用直流配电网供电方式，直流型分布式电源和直流电力负载直接相连，可省去大量电力电子转换装置，无论是新能源分布式并网还是储能装置的接口控制技术都能得到简化，提高电网供电效率，提升系统经济性，从而推动推广技术应用。

2.3.4　直流配电网的关键技术

1. 典型电压等级与拓扑结构

直流配电网电压等级的选择主要依据有直流配电网的供电距离（供电半径）、电气绝缘和保护和配电系统成本和设计。根据《中低压直流配电网电压导则》，中压直流配电系统电压等级序列优选值为 $\pm 35kV$、$\pm 10kV$、$\pm 3kV$。中压直流配电系统电压等级序列备选值为 $\pm 50kV$、$\pm 20kV$、$\pm 30kV$、$\pm 24kV$、$\pm 18kV$、$\pm 12kV$、$\pm 6kV$。低压直流配电系统电压等级序列优选值为 3（± 1.5）kV、1.5（± 0.75）kV、0.75（± 0.375）kV、0.22（± 0.11）kV。

直流配电网的网络架构和典型拓扑与电压等级及应用场景密切相关。对于为终端用户供电的低压直流配电网，因其供电距离近、电压等级低，一般可采用典型的直流母线式拓扑结构。智能家居或智能楼宇等供电范围不大、直流负荷相对集中的场景，可采用母线直接馈出式拓扑结构，能够实现用户分布式电源和储能装置的即插即用和配电系统能量的智能管理，此外，该拓扑方式结构简单，与传统的 400V 交流配电系统具有良好的兼容性。对于服务大规模数据中心的直流配电系统，可借鉴目前较为成熟的舰船直流配电系统架构，按照高冗余性、高可靠性的原则，采用双电源并联供电的拓扑结构。

2. AC/DC 变流器

AC/DC 变流器是直流配电网的基础设备，其控制效能直接影响直流配电网的稳定运行和直流功率的协调分配，变流器主要分为电流源型和电压源型两种。电流源型变流器在高压远距离直流输电中具有明显技术优势，在直流输电工程中大量应用。但在直流配电网中，由于网络端数繁多，潮流反转频繁，给电流源型换流器的应用造成极大的不便。随着电力电子器件及控制技术的进步，电压源型变流器迅速发展，三相两电平、多电平是目前工程中采用较多的变流器拓扑结构。

3. 电力电子变压器

电力电子变压器是一种具有变压器功能的电力电子变换器，能够对变压器一次侧和二次侧的电压或电流的幅值、相位进行灵活的处理和控制，并且可以根据实际需要对系统的潮流进行控制。它不仅具备传统电力变压器所具有的电压变换、电气隔离和能量传递等基本功能，还能够实现电能质量的调节、系统潮流的控制以及无功功率补偿等其他附加功能，可实现交直流互联和接入。目前电力电子变压器已是国内外研究热点，在电路拓扑、控制以及样机研制上均取得了一定成果。

4. 低压直流断路器

直流断路器是关系直流配电网保护和安全运行的关键设备，对系统灵活运行、防止故障范围扩大有重大意义。直流断路器按照开断原理可分为机械式、全固态式和混合式 3 种。机械式直流断路器具有可靠性高、成本低、通态损耗小等优点，但开断速度慢、可控性不强；全固态式直流断路器的优势在于动作速度快、可控性强，但现阶段成本较高，通态损耗较大；混合式直流断路器结合机械开关良好的静态特性与电力电子器件良好的动态性能，理论上具有开断时间短、通态损耗小、无需专用冷却设备等优点，但结构复杂、技术难度大、成本最高。

5. 直流电缆绝缘技术

传统的挤包绝缘电缆材料主要采用交联聚乙烯（XLPE），因具备成本低、老化性好等优势被广泛应用于中低压线路。但随着直流输配电技术的迅猛发展，交联聚乙烯材料的一些局限性，如长期使用温度为 70℃、电缆老化后无法回收再利用等，无法满足日益增长的用电需求，故急需研究一种长期使用温度更高、输送容量更大、绝缘性能更好，能适应"可持续发展"的大容量可回收新型电缆绝缘技术。

目前发现聚丙烯是一种具有优异电气绝缘强度的热塑性聚烯烃，可通过将单一聚烯烃共聚或共混的方式对聚丙烯进行改性。共聚方式下聚丙烯可分为聚丙烯（PPH）、嵌段共聚聚丙烯（PPB）和无规共聚聚丙烯（PPR）。研究表明，PPB 具有更小的球晶尺寸、更低的玻璃化转变温度和更稳的直流体积电阻率；PPB 具有更强的拉伸性能和动态热机械性能；PPR 相比于 PPB 和 PPH 具有更优越的机械和热性能，可用于可回收电缆绝缘材料。相比共聚改性，共混具有更低成本和操作更简的优势。目前国内外学者主要通过弹性体共聚物进行调控共混，以达到在室温和高温下均具有优异的机械性能。因此，研究共混改性的新型聚丙烯绝缘材料为大容量高压直流电缆在电力输送，尤其是海上输电的安全可回收应用提供了理论基础及关键技术。

2.3.5 社区直流微电网系统

微电网是一个可以实现自我控制、保护和管理的自治系统，它作为完整的电力系统，依靠自身的控制及管理供能实现功率平衡控制、系统运行优化、故障检测与保护、电能质量治理等方面的功能，既可以与外部电网联合运行，也可以孤立运行。

直流微电网是指分布式电源、储能装置、负荷等均连接至直流母线，直流网络再通过电力电子逆变装置连接至外部交流电网。直流微电网通过电力电子变换装置可以向不同电压等级的交流、直流负荷提供电能，分布式电源和负荷的波动可由储能装置在直流侧调节。

未来社区供电方式具备以下几个特征。

（1）微型。社区内供电电压等级低，电压等级一般在 35kV 及以下；系统规模小，系统容量为兆瓦级及以下，通常不大于 20MW。

（2）清洁。未来社区主要采用分布式能源与储能结合供电模式，或天然气多联供等能源综合利用的供电模式。

（3）自治。未来社区内部基本实现电力供需自平衡。并网运行时与外部电网的年交换电量一般不超过年用电量的 50%，独立运行时能保障重要负荷在一段时间内连续供电，且具有黑启动的能力。

综合上述几个特点，未来社区采用直流微电网供电模式，可实现分布式能源就近消纳，提高能源效率；减少对大电网冲击，通过微电网与电网系统的公共连接点连接，避免了多个分布式电源与电网系统直接连接；提高供电可靠性，解决电能需求。直流微电网采用先进的控制方式以及大量电力电子装置，将分布式电源、储能装置、可控负荷连接在一起，使得它对于电网系统成为一个可控负荷，并且可以施行并网和独立两种运行方式，充分维护了微电网和大电网的安全稳定运行。

2.4　智慧用电系统

灵活可控、双向交互的智慧用电是未来社区用能的重要环节，支持电能量的友好交互、满足用户多元化需求，实现灵活互动的用电新模式。

智慧用电系统依托坚强智能电网和现代化管理理念，利用智能量测、高效控制、高速通信、储能等技术，实现电网与用户能量流、信息流、业务流的灵活互动，构建用户广泛参与的新型供用电模式，实现"互动服务多样、市场响应迅速、接入方式灵活、资源配置优化、管理高效集约、多方合作共赢"的智慧用电服务目标。

灵活互动的智慧用电系统在结构上可分为电网级（用电侧管理）智慧用电系统、楼宇级智慧用电系统及家居级智慧用电系统。

2.4.1　智慧用电系统的双向互动

1. 指挥用电系统的互动服务

智慧用电系统通过用户信息互动、营销互动、电能量交互和用能互动等 4 类服务一体化运作，实现信息流、业务流和电力流的双向互动。

（1）信息互动服务。信息互动服务是基础服务，是实现其他互动业务的基础。包括两方面含义：①供电公司根据客户对信息查询的定制要求，借助网站、终端等多种方式向客户推送信息；②用户可通过网站、互动终端、热线电话等多种渠道将自身信息传送给供电公司。

（2）营销互动服务。营销互动服务属于基础专业服务，是指通过互动终端、服务网站、智能营业厅等多种服务渠道，为客户提供多样化的营销服务渠道和服务方式，支持业扩报装、投诉、举报与建议、用电变更、故障抢修以及多渠道缴费等电力营销业务。

（3）电能量交互服务。电能量交互服务属于高级专业服务，是指为客户侧分布式电源、储能装置、电动汽车等提供便捷的接入服务，实现包括双向计量计费、保护控制、智能调配等在内的服务功能，支持电能量的友好交互。

（4）用能互动服务。用能互动服务属于高级专业服务，是指以优化用户用能行为、提高终端用能效率为目标的相关业务。包括用户用能设备管理与控制、用能诊断与优化策略、自动需求响应等业务，为优化用户用能模式、实现供需优化平衡提供技术手段。

2. 各类互动业务之间的关系

各类互动业务之间的关系如图2-11所示。信息互动服务是信息流双向互动的表现形式，也是实现其他互动服务的基础；营销互动服务是"信息流""业务流"双向互动的表现形式，借助于多元信息交互手段和营销支持系统，实现电力营销业务的渠道多样化和服务人性化，同时也为电能量交互、用能互动提供营销业务支持；电能量交互服务和用能互动服务是"信息流""业务流""电力流"双向互动的表现形式，以信息交互为基础，以多样化营销服务为

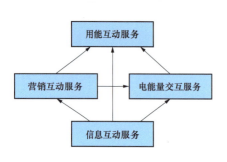

图2-11　各类互动业务之间的关系

保障，借助用能智能决策与控制相关技术支持，实现供需双方之间电力流的友好交互。

3. 用户用电互动需求架构

用户用电互动需求架构如图2-12所示。

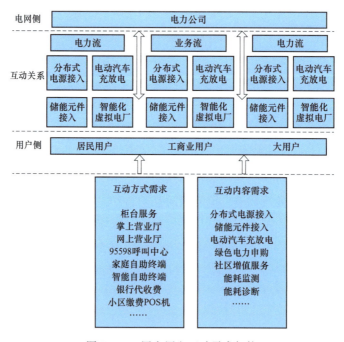

图2-12　用户用电互动需求架构

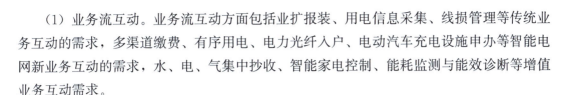

（1）业务流互动。业务流互动方面包括业扩报装、用电信息采集、线损管理等传统业务互动的需求，多渠道缴费、有序用电、电力光纤入户、电动汽车充电设施申办等智能电网新业务互动的需求，水、电、气集中抄收、智能家电控制、能耗监测与能效诊断等增值业务互动需求。

（2）电力流互动。电力流互动方面包括分布式电源接入、储能元件接入、电动汽车的"即插即用"等用户侧互动需求；智能化"虚拟电厂"、碳交易、智能联合供需响应等电网侧互动需求。

（3）信息流互动。信息流互动方面包括用电状况、电价电费、能效分析等用能信息的互动需求，智能家居、智能小区、工业园区的家庭安防、小区医疗、园区生产计划等非用能信息的互动需求。

2.4.2　电网级智慧用电系统

电网级智慧用电系统主要是供应侧利用经济技术、行政手段鼓励电能用户或者需求侧借助节能技术来改变电力需求方式，在保证标准的服务水平的前提下降低电能消耗，以实现节能降耗的目的，有效实现碳达峰、碳中和的目标，从而获取最大化社会效益及经济效益。

1. 电网级智慧用电系统的作用

（1）有效降低供电管理成本，在满足电力供应量的情况下可对电力资源进行合理的分配，让电力设备实现最大化利用率。同时，可对高峰阶段较大电能需求量进行适当的指导，保证电力系统运行稳定，以减少尖峰负荷数值。

（2）电力需求侧管理可从一定程度上利用先进技术或设备工艺提高电能用户用电性能，进而实现节能降耗的目的。同时，有助于相关人员深入研究新能源，全面提高能源利用率，强化人们的环保意识，让社会能源趋于绿色发展、低碳发展。

2. 电网级智慧用电系统的特点

电网级智慧用电系统用电侧管理与传统节电管理相比具有如下特点。

（1）电力需求侧管理要想实现最优化节电效果，除了需要电力公司提供助力外，还需得到市场经济及政府的大力支持，以体现节能降耗价值。

（2）以往节电管理只注重电力系统的电能开发，而不关注终端用户的用电质量，电力需求侧管理在此基础上合理分配供电资源，从而实现资源的合理利用。

（3）电力需求侧管理主要强调电能用户与供应侧的交流，进而实现用户与供应侧的共同发展、共同受益、担任风险。

（4）电力需求侧管理更加注重电能用户的实际利益，并采取有效方法提高用户的电力供应服务水平，让用户在享受优质电能的同时提高电能用电效率。电网级智慧用电系统构成如图 2-13 所示。

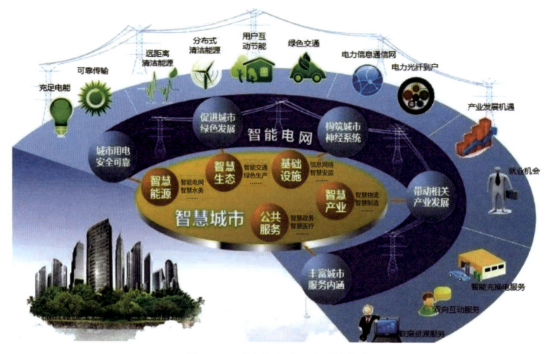

图 2-13　电网级智慧用电系统构成

3. 电网级智慧用电系统的管理模式

（1）资源循环利用。实现资源的循环利用是电力需求侧管理中的重要工作内容，主要是指能源替代及余能回收等服务。能源替代是指可充分利用其他能源代替电能消耗，以减少电力需求量；余能回收则是指电能用户通过对损失的电能或其他未得到有效利用的电能进行循环利用，从而减少电能用户对电力公司供应电能的需求量，最终实现节能降耗目标。

（2）优质服务。在智能电网下的电力需求侧管理可为用户提供较好的电力服务。相比传统电网，智能电网能帮助电网侧及时获取电能用户侧数据信息。智能电网除了为电力需求侧管理提供重要的技术支持外，还实现了用户与电网的相互交流，其主要内容包括电力公司为用户提供的能效管理，即借助政策或经济方式促使电能用户应用先进且高效的电力设备，以全面提升需求侧实际用电效率，避免过多电能消耗而对环境造成无法预料的后果。比如，电力公司推广用户大力使用绿色建筑材料及节能型照明设备，在部分小区实施智能电网建设，实现良好的节能效果。

电力公司在智能电网下实施电力需求侧管理时需要提高管理的灵活性。具体方法为：电力企业需结合当地用电实际情况调整智能电网系统模块，并不断优化电力资源的分配情况；选择最优化上网模式，对高峰时段的用电模式进行改善，从而降低供电管理成本，减少发电机组负荷量，提高电力公司的经济效益。

4. 电网级电力需求侧激励机制

电网级电力需求侧管理具有促进可再生资源高效发展的作用。但在具体落实过程中，电力需求侧管理体系中电能用户、电网企业、国家政府部门三方存在利益矛盾，甚至存在较为明显的不一致性。因此，需实施电力需求侧激励机制，以有效削弱电力需求侧管理对用户及电网企业资金汲取方面带来的影响力。

（1）实施电力补贴机制。电力改革需全面完善可再生能源补贴机制。可再生能源相比传统发电能源成本较高，所以需对其进行适当的资金补贴，相关部门应对不同发电种类能源电价标准加以调整。现如今可再生能源发展资金主要源于工商业销售电量的征收电价。

（2）研发电蓄能技术。国家需加大电能技术研发资金投入力度，并为专业人才提供充足的发展空间，让我国电蓄能技术能够发挥出其真正的作用，以提高电力需求侧管理质量。

（3）分布式电源技术。分布式电源技术是智能电网发展过程中出现的重要技术，主要是利用分布式电源装置鼓励电能用户应用自备电源，如风力发电设施、太阳能发电设施等，以提高供电质量，提升用电经济性。分布式电源装置是指功率小于 50kW 与周边环境兼容的小模块独立电源设施，是根据用户需求及电力系统的实际运行状态来设置的。基于智能电网下电力需求侧管理中应用的分布式电源技术需充分应用可再生能源与化石能源来实施发电。可再生能源包括潮汐能、生物质能、水能、风能、太阳能等，通过 10kV 的等级标准来设置可接入电网中的发电项目种类。分布式电源技术对于如今电力需求侧管理而言具有较大优势，可借助发电余热来实现资源循环利用，可让能源利用率高达 90%。同时，分布式电源技术所应用的天然气等环保型燃料可有效减少有害杂质的排放，降低输电线路建设过程中对树木及土地占地面积的影响，提高供电能源的环保性。

5. 智能用电电力负荷预测

智能用电电力负荷精准度是指电网供电时对电力负荷量的预测准确度，也是电力生产体系中较为重要的部分。电力负荷的精准度将对电网供电规划、故障检修、电力营销等方面带来较大影响。基于智能电网下的电力需求侧管理主要是利用先进的电力研发技术及管理方法来有效提高电力负荷精准度，从而为电力系统中高负荷运行提供重要保障，让电力生产效率得到提升。提高电力负荷精准度的方法主要有多元线性回归法、灰色模型法、时间序列法等，相关人员需结合实际情况选择适合的预测方法，以提高电网运行可靠性。

6. 智能用电虚拟电厂

基于智能电网下建立的虚拟电厂是未来智能电网发展的主导方向。从狭义的角度来说，虚拟电厂的含义指的是供电侧与需求侧针对电能节约目标共同建立的综合能源电厂及用户自有电厂，不包含利用余热、余能等；而从广义的角度来说，虚拟电厂却是包含余热、余能等的综合能源电厂，并且不包括用户自有电厂。

在智能电网的建设中，相关人员应当全面考虑虚拟电厂建立时所产生的经济效益及管理成本，制定合理的评价体系，增强其可操作性，采取相应措施增加整体资金投入额度，帮助虚拟电厂发挥实际供电作用。

7. 电网级智慧用电系统的目标

电网级智慧用电系统以需求响应为核心建设。需求响应是用电环节与其他各环节实现协调发展的重要支撑技术，是电网级智慧用电系统架构中的高级应用部分。各类终端电力用户、用电设备，包括客户侧分布式电源（含储能设备）、电动汽车等，相对于电网侧来看，都可以当作需求侧资源。需求响应作为用户（需求侧资源）参与供需平衡调节的重要途径，强调供需双方的互动性，重视电力用户的主动性，综合供需两方面信息来引导用户优化用电行为，可以实现缓和电力供求紧张、节约用户电费支出、提高电网设备运营效率等优化目标。

2.4.3　楼宇级智慧用电系统

1. 智慧楼宇

智慧楼宇（Smart Building）是未来社区不可或缺的重要组成部分，过去人们用智能化楼宇（Intelligent Building，IB）来定义楼宇科技，已经不能适应日益发展的新科技潮流。智能化楼宇仅涉及建筑的 IT 技术。

2019 年 8 月在上海举行的 2019 世界人工智能大会中的"AI 赋能—智慧建筑"论坛上，上海市楼宇科技研究会的《智慧楼宇评价指标体系》首次把智能化楼宇、绿色建筑、云计算等科技和楼宇综合管理融合集成在一起，形成了智慧楼宇（Smart Building）的概念，并形成绿色建筑、自动化集成、现代物业管理和融入"智慧城市"等四大体系的评价方法与内容，在会议上取得了海内外广泛关注与共识。

智慧楼宇也称智能建筑、智能楼宇，是将建筑、通信、计算机和控制等各方面的先进科技相互融合，合理集成为最优化的整体，具有工程投资合理、设备高度自动化、信息管理科学、服务高效优质、使用灵活方便和环境安全舒适等特点，是能够适应信息化社会发展需求的现代化新型建筑。作为一座现代化城市的重要组成部分，智慧楼宇凭借智能化、信息化、可视化、人性化、高度集成化等特点，日益成为智慧城市发展的强大驱动力。

楼宇作为建筑基础设施的主体，为人们提供着重要的生存空间。据有关统计，现代人的一生中约有 90％的时间是生活在楼宇内的，因此，如何有效保证楼宇建筑设施的可持续发展，如何创造既舒适节能又健康智能的完美空间成为智能建筑行业的重要命题。

如今，随着物联网概念的出现，随着智慧城市建设如火如荼地开展，具有"网格拓扑""云/霾/雾融合计算""分布式智能""可软件定义""全自动控制""应用即服务"等特征的物联网渗透到了各行各业，推动传统产业的技术升级和改造。借助物联网技术提升智慧楼宇建设水平也是发展的必然趋势。基于物联网构建的智慧楼宇，可以使建筑内众多公共资源具有语境感知能力，使其真正成为智慧城市的细胞。

2. 楼宇级智慧用电系统

楼宇级智慧用电系统依托于智慧楼宇 AI 自控系统，实现对大楼内实时监控系统的集成监控、联动及管理。

智慧楼宇 AI 自控系统能监视控制楼宇中电力设备，如电梯、水泵、风机、空调等，其主要工作性质是强电驱动。通常这些设备是开放性的工作状态，没有形成一个闭环回路。只要接通电源，设备就在工作，至于工作状态、进程、能耗等，无法在线及时得到数据，更谈不上合理使用和节约能源。楼宇自控系统将上述的电气设备进行在线监控，通过设置相应的传感器、行程开关、光电控制等，对设备的工作状态进行检测，并通过线路返回控制机房的中心电脑，由电脑得出分析结果，再返回到设备终端进行调节。

智慧楼宇不同于一般的楼宇，差别主要就在于智慧楼宇能实现对楼内的照明开关、空调控制器、窗户隔热设备、冷热水链等进行监控，其 AI 自控系统所管理的对象主要是楼宇电气设备、空调设备、照明设备等。

（1）电气设备。管理电气设备主要监视机械的动作状态、测量点及保护装置。管理的主要内容是对各配电系统的断路器、变压器、接触器、熔丝，电容器等的状态监视。它主要对电力系统的电流、电压、有功功率、无功功率和功率因数进行测量。

（2）空调设备。管理空调设备要监视冷冻机、空调器、水泵等的状态；主要对温湿度进行测量，并对空调系统所需的冷热源的温度、流量进行调节。

3. 智慧楼宇 AI 自控系统

智慧楼宇 AI 自控系统采用集散型控制方式，即现场区域控制，计算机局域网通信，最后进行集中监视、管理的系统控制方式。这种控制方式保证每个子系统都能独立控制，同时在中央工作站上又能做到集中管理，使得整个系统结构完善、性能可靠。智慧城市运营管理平台如图 2-14 所示。

图 2-14　智慧城市运营管理平台

下面以某大楼为例，介绍空调系统、变配电系统、照明系统、ATSE 双电源自动转换系统等各个系统的监控内容。

（1）空调系统。该大楼空调系统监控对象为空调机组和新风机组，空调/新风机组位于各层空调机房内。AI 自控系统具体监控内容如下。

1）监测：①过滤器阻塞状态，提醒操作人员及时清洗；②风机的手/自动状态、运行状态和故障状态；③风机累计运行时间，定时发出检修提示信号；④对新风机组，监测送风温度；⑤对空调机组，监测回风温度。

2）控制：①定时控制，按预先编排的时间程序控制机组启停；②新风风阀与风机联锁，风机停机时，新风风阀关闭；③在冬/夏季，采用最小新风量，在过渡季，采用焓值控制方式；④根据送风温度（回风温度）与设定值（可调）的偏差，通过 PID 运算，输出相应的控制信号，调节回水管上电动阀的开度，以保持送风温度（回风温度）的恒定。

（2）变配电系统。AI 自控系统的供配电系统包括高压进线、变压器、低压配电。大楼内高压进线，通常为两路 10kV 独立电源，两路可自动切换，互为备用。电力的管理是大楼内最重要的部分之一。基于目前的技术水平和管理水平，AI 自控系统对变配电系统只监测不控制，具体监控内容为：①监测变压器超温报警；②监测低压进线开关状态、三相电压和三相电流；③监测低压母线联络柜开关状态。

（3）照明系统。AI 自控系统对建筑照明实行监控不仅可简化操作，还可以按时间要求或照度要求进行控制，使被控灯具要求点亮或熄灭，利于节约电能。本例中的大楼照明系统包括泛光/航空标志灯照明、车库照明。AI 自控系统具体监控内容如下。

1）监测：要求控制的照明回路的手/自动状态、开关状态。

2）控制：根据工作时间表进行照明回路的开关控制。

（4）ATSE 双电源自动转换系统。智能楼宇中 ATSE 双电源自动转换开关电器是通过转换开关和辅助电器电路来同时连接正常电源和备用电源的开关。平时接入正常电源，出现故障时接入备用电源，以确保突发状况时核心系统和应急系统运转正常。在工程中选用 ATSE 时要根据楼宇的不同功能需求和工程特点，有针对性地选择最合适的 ATSE 开关类型，以便于其在楼宇中能够更好地发挥调控作用，确保电气系统安全稳定。

4. 智慧楼宇改造

智慧楼宇改造主要是对楼内的照明开关、空调控制器、窗户隔热设备、冷热水链等进行安装或改造。平时可以通过红外感应自动开关电灯、空调，避免不必要的电能浪费。在每天能源需求高峰时段，通过智能化能效管理系统协调各类用能设施，储能设备由储能状态转为供能状态，智能楼宇调节柔性负荷，冷热电三联供设施增加楼宇的供电和供冷量，提高工厂与建筑能效，使能源得到合理分配。

引入楼宇级智慧用电系统，将是对未来社区发展的一次技术性的革命。写字楼、园区等植入 AI 智慧楼宇系统，引入人工智能、物联网（IoT）以及 5G 等前沿技术，实现楼宇降本增效、提质增值，是未来城市发展的必经之路。

2.4.4　家居级智慧用电系统

1. 智能家居

智能家居（Smart Home/Home Automation）是以住宅为平台，利用综合布线技术、网络通信技术、安全防范技术、自动控制技术、音视频技术将家居生活有关的设施集成，构建高效的住宅设施与家庭日程事务的管理系统，提升家居安全性、便利性、舒适性、艺术性，打造环保节能的居住环境。

智能家居是在互联网影响之下物联化的体现。智能家居通过物联网技术将家中的各种设备（如音视频设备、照明系统、窗帘控制、空调控制、安防系统、数字影院系统、影音服务器、影柜系统、网络家电等）连接到一起，提供家电控制、照明控制、电话远程控制、室内外遥控、防盗报警、环境监测、暖通控制、红外转发以及可编程定时控制等多种功能和手段。与普通家居相比，智能家居不仅具有传统的居住功能，还兼备建筑、网络通信、信息家电、设备自动化等功能，提供全方位的信息交互，甚至能为各种能源费用节约资金。

智能家居的概念起源很早，但一直未有具体的建筑案例出现，直到 1984 年美国联合科技公司（United Technologies Building System）将建筑设备信息化、整合化概念应用于美国康涅狄格州哈特佛市的都会办公大楼（City Place Building）时，才出现了首栋"智能型建筑"，从此揭开了全世界争相建造智能家居派的序幕。

2. 智能家居控制系统

智能家居控制系统是以智能家居系统为平台，家居电器及家电设备为主要控制对象，利用综合布线技术、网络通信技术、安全防范技术、自动控制技术、音视频技术将家居生活有关的设施进行高效集成，构建高效的住宅设施与家庭日程事务的控制管理系统，提升家居智能、安全、便利、舒适，并实现环保控制系统平台，如图 2-15 所示。智能家居控制系统是智能家居的核心，是智能家居控制功能实现的基础。

智能家居系统利用先进的计算机技术、网络通信技术、智能云端控制、综合布线技术、医疗电子技术等，依照人体工程学原理，融合个性需求，将与家居生活有关的各个子系统，如安防保安、灯光控制、窗帘控制、煤气阀控制、信息家电、场景联动、地板采暖、健康保健、卫生防疫等有机地结合在一起，通过网络化综合智能控制和管理，实现"以人为本"的全新家居生活体验。

在我国，智能电网的建设有其根本需求，对整个住宅的各种智能化设施服务，在对电力方面进行服务的过程中，还可以对智能家居系统的网络形成渗透作用。使用智能电网的用户，如果同时也在享受智能家居系统的服务，那么他的需求就是两者之间可以建立起有

智能彩灯　智能风光雨传感器　智能四合一传感器　智能红外转发器　智能空气质量传感器　平开窗帘电机　智能晾衣架

智能推窗电机　智能插座

智能电磁阀　智能IP摄像机

智能水阀　卷帘电机

智能背景音乐面板　智能车库门开关

智能机械手　智能SOS紧急按钮

智能穿戴　智能机器人

智能门磁探测器　智能楼宇对讲机　智能情景开关　系统主机　窗帘/推窗开关　智能照明开关　智能负离子净化器

图 2-15　智能家居控制系统（SCS）

效的紧密通信，能够对智能家居与智能电网相结合的各种信息进行统筹之后，进行实际的有效管理。

家居级智慧用电系统将低碳、环保、节能、安全等理念，以控制方式融入智能家居控制系统，是智慧用电与智能家居完美结合的载体，能有效实现诸多的功能。

（1）智能照明。智能照明主要实现对整个居住空间的灯光的智能控制管理，达到节能、环保、舒适、方便等目的。可以用遥控等多种智能控制方式实现对居住空间灯光的遥控开关和调光，如"全开""全关""会客""影院"等多种一键式灯光场景效果的实现，并可用定时控制、电话远程控制、电脑本地及互联网远程控制等多种控制方式实现功能，在家庭无人环境下，能自动切断照明回路。

（2）智能电器。对电器的控制采用弱电控制强电方式，既安全又智能，可以用遥控、定时等实现对饮水机、插座、空调、地暖、投影机、新风系统等的智能控制，如避免饮水机在夜晚反复加热，在外出时断开插排通电，避免电器发热引发安全隐患等。

（3）节能控制。节能控制即节能、节水及高能效的设备、软件与管理方案，还包括家庭能源管理系统（home energy management system，HEMS）。

1）自动照明（automatic lighting）。

2）高效照明器具（high efficiency lighting）。

3）电力监测与设备效率（power monitoring & appliance efficiency）。

4）遥控窗户窗帘（remote‑control windows & coverings），与智能遮阳（电动窗帘）类似。

5）太阳能电池板（solar panels）。

6）太阳能产品（solar products）。

7）水和喷灌管理（water & sprinkler management），与花草自动浇灌（automatic watering circuit）类似。

8）房屋节能改造（weatherization）。

9）风力发电（wind power）。

（4）远程抄表。远程抄表系统即采用通信、计算机等技术，通过专用设备对各种仪表（如水表、电能表、燃气表等）的数据进行自动采集和处理的系统。一般通过数据采集器读取表计的读数，然后通过传输控制器将数据传至管理中心，对数据进行存储、显示、打印，可解决上门入户抄表带来的扰民、数据上报不及时、管理不便等难题。

（5）安全监控。家居安全保障系统包含的家居安全智慧用电可通过组合式电气火灾监控探测器对家居环境进行实时、智能监控，确保用户家居用电安全，实现家居生活智慧用电。家居安全智慧用电是通过组合式电气火灾监控探测器实时监测线路漏电流、温度情况，当有漏电发生或者温度异常情况时，设备会立即报警，并将信息传至云端服务器，通过执行预设场景风险预案，远程云端操控智能联动断路器断电，保障家庭用电安全。

智能断路器还具备远程操控、过载保护、电流监测、电压监测、电能计量等功能。用户通过 App 即可实现用电情况多维度查询和管控，实现家居用电情况实时掌握。健全的用电安全体系为家居安全提供了有效的用电安全保障，可切实保障百姓家居生活安全。

2.5　未来社区示范区——湖州鲁能公馆

2.5.1　项目介绍

湖州鲁能公馆直流社区项目是未来社区建设的一次尝试。社区内采用直流供电网络的区域有：17 号单身公寓（17 号楼直流公寓，4 层，共计 38 户）、小区应急电源、充电桩、小区及沿街照明直流展示厅（位于 17 号单身公寓内）。整个直流网络内的直流负荷预计为 800kW。其中，17 号单身公寓采用楼宇全直流方式，小区内配置应急储能电源和充电桩。

在小区局部道路及沿街照明开展直流照明等供电。项目配套直流控制保护系统、相关直流开关设备和直流计量等设备，并在小区展厅内对整个项目的建设成果及相关创新产品进行展示，开展用户弹性负荷互动。

本项目新建两台 400kW AC/DC 换流器，构建单母线分段低压直流网络，其中 I 段、II 段母线分别接入 1 路 150kW/300kW·h 储能、10 台 15kW 直流慢速充电桩、智慧路灯、20 台 0.2kW 电动自行车充电桩、17 号楼直流公寓直流负荷。鲁能社区地理位置如图 2-16 所示。

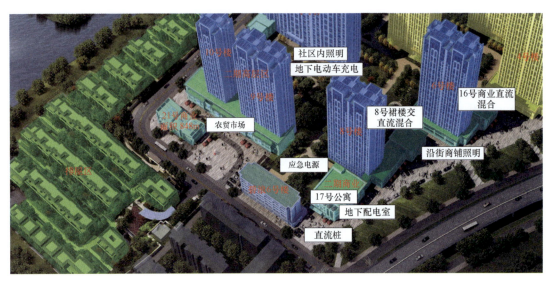

图 2-16　鲁能社区地理位置

从 3 号变电站配电房低压侧和 4 号变电站配电房低压侧馈线柜分别新建 8 拼（YJY-0.6/1-1×240）交流电缆至两台 400kW AC/DC 换流器，在直流侧 400V I 段和 II 段母线通过直流潮流控制器进行联络，构建单母分段低压直流网络。其中 I、II 段母线各接入 1 套 150kW/300kWh 储能系统、1 路 180kW 光伏系统、10 台 15kW 直流慢速充电桩、智慧路灯，同时由 I 段母线向 20 台 0.2kW 电动自行车充电桩和 17 号楼直流公寓 1/2 层直流负荷提供电源（其中 1 层局部为展厅，其余部分和 2 层都为单身公寓）；由 II 段母线向小区直流照明负荷和 17 号楼直流公寓 3/4 层（单身公寓）直流负荷提供电源。一次接线如图 2-17 所示。

本项目通过在 DC400V 侧接入光伏、储能，构建高弹性直流供电网络。经计算，光伏满发时，可满足 120kW 直流负荷供电需求。直流侧接入光伏与储能装置，系统可运行在并网模式和离网模式。

（1）并网运行。当太阳日照充足时，光伏优先向 17 号展厅、公寓直流负荷供电，多余部分向充电桩供电或向储能充电；当太阳日照不充足时，光伏优先向 17 号展厅、公寓直流负荷供电，不足部分由市电补充。

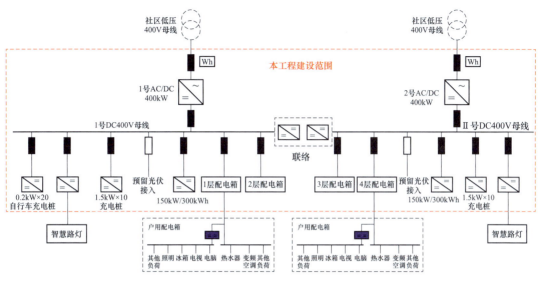

图 2-17　鲁能公寓一次接线

（2）离网运行。断开 AC/DC 变流器，由储能系统作为主电源，提供稳定的直流电压，光伏发电向 17 号展厅、公寓直流负荷供电，不足部分由储能放电补充。

2.5.2　示范展厅

湖州鲁能公馆设置直流社区示范展厅，充分利用数字信息技术和沉浸式多媒体展示形式，对鲁能公馆直流社区的建设成果、运营状态、核心技术、关键设备等进行全面立体沉浸式展示。鲁能社区设计建成展示功能主要如下。

1. 能源大数据可视化交互设备

能源大数据可视化交互设备展示社区能源系统典型示范项目的模拟仿真及三维可视化展示；展现智慧社区能源互动性、绿色清洁性、面向不同场景的智能化能源供给等内容；体验大屏能源管控系统与示范项目的有机互动；具备灵活复用功能，能源管控系统可与其他平台进行数据接入及互动；展示智慧社区作为未来核心社区的重要地位和核心价值。

2. 直流需求响应数字孪生仿真系统

针对典型交直流混合配电网，基于研发的直流需求响应数字孪生仿真系统测试平台，通过需求侧资源互联特性分析、互联策略设计，有利于对分布式电源、可调负荷系统/设备、分散式储能、电动汽车等需求侧资源进行规模化调节，形成可灵活调控的需求侧响应资源，支撑电网侧与需求侧通过互动进行削峰填谷，保障电力供需平衡，以提高区域电力系统的整体运行效率。典型交直流混合配电网综合仿真平台总体构成如图 2-18 所示。

本套直流需求响应数字孪生仿真系统集合了热能、冷能、电能、化学能、机械能、太阳能、风能、储能等多领域的多种能源，通过实时仿真机实时解算模型，动态调节燃气供

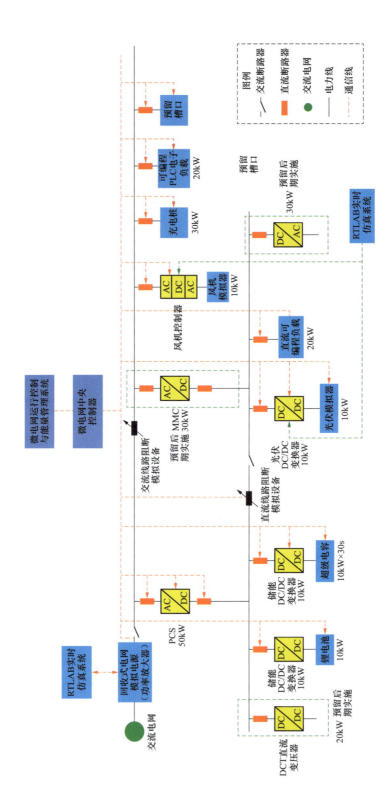

图 2-18 典型交直流混合配电网综合仿真平台总体构成

给速率、风力大小、光照强度、电池充放电电流、负载大小等各种能源的供应及传输效率，可得到不同工况下各种能源最经济、科学的配比关系，为综合能源系统的实施建设提供理论依据和数据支撑。

直流需求响应数字孪生仿真系主要包括需求响应服务器、需求响应运行管理系统、需求响应节点和微电网运行控制节点等，如图 2-19 所示。

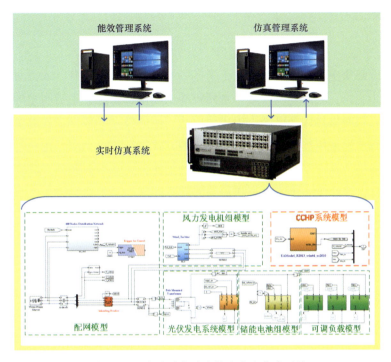

图 2-19　直流需求响应数字孪生仿真系统

直流需求响应数字孪生仿真系统的主要功能如下。

（1）需求响应服务器：发布动态电价和负荷需求、需求响应事件的通知。

（2）需求响应运行管理系统：计算所有负荷的总体需求，并将需求发给自动需求响应服务器；监视需求响应系统的运行和监测需求响应的实施效果。

（3）需求响应聚合系统：对大量用户聚合后进行需求响应调度；聚合系统连接需求响应客户端与需求响应服务器，对需求响应系统发布的削减负荷进行分配。

（4）需求响应节点：向下连接和控制需求响应用户的负荷设备，主要包括固定负荷、可中断负荷和可转移负荷。

（5）直流配网控制节点：向下连接和控制直流配网的电源设备，包括光伏发电机（PV）、风力发电机（WD）以及可控发电机组（MT）等。

第3章

社区冷热集中高效供应系统

未来社区冷热集中高效供应系统是未来社区不可缺少的一部分。人类对舒适生活环境的追求，发明了空调、地热、暖气等一系列供冷供暖设备。随着生活水平的提高，人们对冷热更加敏感，供冷供热用能已经占据居民生活用能的极大一部分。随着供冷及供暖技术的发展，越来越多地采用集中处理、分布供应的方式进行冷热供应，用户端只完成冷、热传输功能，不再进行制冷制热，能耗及管理维护工作大大减少。此外，随着社区冷热集中供应的发展，社区冷热集中供应系统将成为能源互联网的一个重要组成部分。未来社区的冷热供应系统应以追求冷热供应方式的节能与居住环境舒适为主要目标，据区域气候和资源禀赋的不同，因地制宜，采用恰当供冷供暖方式，并与能源互联网充分互动，实现清洁、高效、绿色供冷供热。

3.1 社区供冷供热技术发展

3.1.1 居民供热方式的发展

长期以来，我国是以秦岭、淮河为界，以北地区冬季需要供暖，以燃煤集中供暖为主，天然气和电供暖为辅，以南地区一般不需要供热。但随着人们生活水平的提高，以南地区对供热的需求也逐渐增大。

供暖方式和技术形式种类多种多样，但供暖系统都包括热源、热网和末端装置。按照热源燃料的不同，供暖可以分为燃煤供暖、燃气供暖、燃油供暖以及电供暖等；按照热网分，可以分为市政管网、小区管网以及用户内管网；按照供暖末端分，可分为暖气片、风机盘管、地板辐射供暖等方式。

社区供暖主要有如下几种方式。

1. 区域锅炉房集中供暖

区域锅炉房集中供暖通过局域管网热水的方式进行供暖，一般由一个小区或几个小区的建筑共用，是我国传统供暖中比较常用的形式。区域锅炉房利用燃煤、燃油或燃气产生热量，单台锅炉容量在14MW以下，额定蒸发量小于20t/h，一般与热用户直接连接。区域锅炉房也分为燃煤、燃气、燃油锅炉房和带蓄热装置的电锅炉，由于受我国能源结构所限，我国区域锅炉房主要是燃煤锅炉房。由于煤炭在燃烧时，会产生大量的粉尘、二氧化硫和氮氧化物等污染物，对环境造成极大的影响，随着环境污染的加剧以及人们对生活品质要求的提高，城市逐步使用天然气为燃料，以降低对环境的污染，但是增加了供热成本，并且受燃气供应量的限制。

2. 电热锅炉

电能可以通过电阻式、电磁感应式及电极式等方式转化为热能，这些热能可以传递给水或其他介质作为供暖用，一般电锅炉通常采用电阻式，其电热原理结构如图 3-1 所示。电阻丝放于金属套管中，套管中充满氧化镁绝缘层，能够承受 1500V 交流电，电流经过电阻，产生源源不断的热量，加热套管外的介质一般为水或蒸汽。

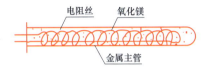

图 3-1　电锅炉电热原理结构

电锅炉的热效率大于 95％。电锅炉分为非蓄热式和蓄热式系统。非蓄热式电锅炉产生的热能一般被直接使用，适用于热需求较小的热用户，如地处特殊位置的单位或者室内分户供暖系统。

蓄热式电锅炉是采用低谷电蓄热，可以削峰填谷，优化电网负荷，有助于缓解电力负荷的峰谷差，减缓大型火电调峰的困难。根据蓄热介质的不同可分为显热蓄热和相变蓄热，显热蓄热是利用热容量较大的固体材料或热水等蓄热介质供暖，相变蓄热则是一种以相变储能材料为基础的高新储能技术。

3. 家用小型燃气锅炉

家用小型燃气锅炉主要用于集中供暖管网还没有覆盖到的新建小区，方法是在每个住户家中安装一个小型锅炉，通过燃气燃烧的方式实现供暖。目前，用得最多的家用小型燃气锅炉是燃气壁挂炉，它配有先进的电子点火、控制、安全保护和温度调节等系统，操作简单，调节灵活，使用完全独立，供暖温度可以自主调节，供暖时间可自行控制，还可用于洗澡和生活用水。家用小型燃气锅炉的效率比较高，一般在 90％ 以上。但是，它存在燃气泄漏、燃烧故障等安全风险，另外，由于采用分散燃烧的方式，对空气的污染相对较大，在我国并不十分普及。

4. 热泵

热泵是一种新能源技术，根据使用热源的不同可以分为空气源热泵、水源热泵和地源热泵技术。热泵能将空气、水或土壤中的低位热能转换成能被利用的高位热能，近年来受到广泛关注的是空气源热泵，它的原理是使空气侧温度降低，将其热量转送至另一侧的空气或水中，使其温度升至采暖所要求的温度。在低温地区，空气源热泵一般还配备辅助加热装置，当外温降至 -5℃ 以下时，一般就启动辅助加热。水源热泵、地源热泵与此相似，只是其热源来自地下深井水或者土壤，在实际使用中也各有优缺点。

3.1.2 居民供冷技术的发展

在供冷技术方面，自 1902 年威利斯·开利（Willis Carrier）发明了现代空调系统以来，空调的发展日新月异。1902 年，开利设计了第一个空调系统，1906 年他以"空气处理装置"为名申请了美国专利，打开了空调机商业化之门。开利的空调通常被用来调节生产过程中的温度与湿度，并进入诸多行业，如化工业、制药业、食品及军火业等。1922 年，开利全球公司（Carrier Global Corporation）研制成功在空调史上具有里程碑地位的产品离心式空调机，简称离心机。离心机最大的特点是效率高，这使得在大空间里调节空气温度成为可能。从此，人成为空调服务的对象。家用空调的研制始于 20 世纪 20 年代中期，1928 年，开利全球公司推出了第一代家用空调，但因经济大萧条和二次大战，家用空调一直没能得到广泛的应用，直到 20 世纪 50 年代才开始真正走入千家万户。50 年代末期，国内开始生产家用空调，60 年代开始，开始出现了组合式空调机组，1965 年，国内第一台水源热泵空调机组面世，70 年代，风机盘管机组开始研制，90 年代，溴化锂吸收式空调开始全面发展，并且出现了变频变流量系统控制，更注重环保及能效。

1. 燃气空调

20 世纪 60 年代，新型的燃气空调在日本出现。燃气空调是指以天然气、液化石油气、人工煤气等燃气作为能源，提供制冷、采暖、卫生热水等的空调设备及空调系统。以燃气为驱动能源的空调用冷（热）源方式，具有广泛的市场运用领域和发展潜力，尤其是采用热电联产（CHP）或冷热电联产（CCHV）的能源梯级利用方式。从燃气能源利用系统的角度可将燃气空调分为分布式燃气空调和单独式燃气空调两大类。

（1）分布式燃气空调。分布式燃气空调一般包含在热电联产系统或冷热电联产系统中，并配置冷（热）源设备，产出的冷、热能量主要满足建筑环境中人们对普通空调的使用要求。

（2）单独式燃气空调。燃气型直燃机组、燃气热泵、燃气氨水吸收式风冷热泵冷热水机组、燃气蒸汽锅炉＋蒸汽型溴化锂吸收式冷水机组、燃气蒸汽锅炉＋蒸汽透平直接驱动离心式冷水机组等都是单独式燃气空调，它具有相对独立的能源输入和空调功能输出。

燃气空调能在一定程度上实现能源综合利用，减少资源浪费，并且能提高电力设备运转利用率，有效控制电力设备投资的盲目增长，降低电力成本，稳定供电能力，具有显著的经济效益和社会效益。20 世纪 60 年代末，日本从政府到民间一致推动燃气空调的发展，大约用了 10 年的时间，燃气空调占据了日本中央空调市场的 85％左右。韩国在研究了日本的经验之后，也推动了燃气空调的生产和应用。在我国，燃气空调受到技术设备及配套水平的限制和气源开发和燃气输送体系的制约，致使从开发到使用的整个过程都受到不小的阻力，燃气空调占整个空调的比重长期都处在一个非常低的水平。近年来，燃气空调逐渐与电力空调在市场上展开了日益激烈的竞争，但是，燃气空调发展所需要的资本条件和市场空间始终处于"替补"的角色和地位。我国燃气空调在与电力空调的竞争中一直处于一种劣势的状态，扮演着"电力不足燃气补、电力充足燃气走"的角色。

2. 太阳能空调

20 世纪 70 年代后期，世界各国对太阳能利用的研究蓬勃发展，太阳能空调技术也随之出现。随着太阳能制冷空调关键技术的成熟，太阳能集热器和制冷机方面取得了迅猛发展，太阳能空调也得到了快速发展。90 年代中期，太阳能空调技术获得了长足的进步，真空管集热器和氮化锂吸收式制冷机大量进入市场。新式太阳能空调的实现方式主要有以下两种。

（1）先实现光电转换，再用电力驱动常规压缩式制冷机进行制冷。这种实现方式原理简单、容易实现，但成本高。青岛海尔集团曾生产过这种太阳能冰箱和空调。

（2）利用太阳的热能驱动进行制冷。这种方式技术要求高，但成本低、无噪声、无污染，太阳能热驱动空调技术的核心是太阳能集热器技术。太阳能集热器是吸收太阳辐射并将产生的热能传递到传热工质的装置，由于太阳辐射较分散，要利用它必须将它集中，所以，太阳能集热器是组成各种太阳能热利用系统的关键部件。太阳能热驱动空调按技术路径可分为太阳能吸收式制冷空调、太阳能吸附式制冷空调、太阳能喷射式制冷空调、太阳能除湿空调等。

3.2　社区冷热供应集中系统关键技术

3.2.1　新能源利用供冷供热技术

1. 海水淡化与水热同送

从国际平均水平看，我国水资源较匮乏，时空分布不均，人均亩均较少，尤其是北方沿海地区水资源短缺问题日益突出，规划用南水北调中线、东线工程解决，但南水北调并未实质性增加水源多样性，北方地区水源安全没有得到根本性的保障。并且南水北调的明渠工程，会对当地生态产生一定影响。为缓解水资源危机，我国在大力节水的同时，积极开发利用海水等非常规水资源。海水淡化作为有效的淡水补充途径，已逐步成为水资源的重要补充和战略储备。

海水淡化主要分为反渗透（膜法）和蒸馏法（热法）两大类。反渗透法也称为 RO 技术，是目前最有效最节能的膜法液体分离技术，它可以阻挡所有溶解性盐及分子量大于 100 的有机物，但允许水分子透过，反渗透复合膜脱盐率一般大于 98%。反渗透法主要消耗电能,利用半透膜分离淡水。蒸馏法利用电厂余热,通过多次梯状的蒸发和冷凝,实现淡水分离。常规的蒸馏法分离出 30℃ 左右的淡水及蒸汽,冷却后再作为产品输出。如果在冬季,不冷却产品淡水,进一步加热升温后输送出去,就实现淡水和热量同时输送,即"水热同送"。

"水热同送"是进一步降低远距离输水输热成本的新模式。热力输送与水力输送共用一条管道,管道输送高温淡水,在末端(水、热需求侧),换热站吸收长距离输送的高温淡水热量,为城市集中供热系统供热,将冷却后的淡水输送至水处理厂,用于市政供水。

水热同送系统可以分为高温淡水制备、长距离输送和末端热量析出 3 个部分,如图 3-2 所示。高温淡水制备部分包括海水淡化单元和余热利用单元。机组的热电联产提供汽轮机抽气和乏汽作为能量输入,以产生高温淡水。长距离输送部分包含一根单向长距离绝热管道,用于将高温淡水从热源输送至末端。末端热量析出部分即城市地区的换热系统,用于从高温淡水中吸收热量。热量用于城市集中供热系统,冷却后的淡水送至水处理厂用于城市供水。

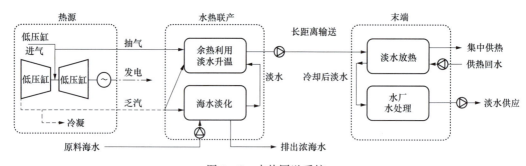

图 3-2 水热同送系统

考虑要保证电厂高温淡水制备部分稳定运行,减少因负荷变化带来的长距离输送部分的热损失,设计水热同产同送系统为区域提供稳定的供热负荷。与传统的集中供热系统不同,长距离输送管道是单管系统,没有回水管路,提取热量取决于高温淡水放热后的温度,温度越低,则从高温淡水中提取的热量越多,这对提高热量输送效率至关重要。

在"水热同送"模式下,单位热量输送成本和水泵能耗降低近一半;而在长距离输水的基础上,"水热同送"需要增加的能耗和经济成本不多,并且水、热可以共同分摊成本,进一步降低淡水及热量的市场价格,在沿海地区具有较大的应用潜力。

2. 太阳能利用技术

太阳能是一种清洁能源,没有污染,且资源分布广泛,不受地域、海拔等因素的限制,取之不尽,用之不竭,可就近供电,不必长距离输送,避免了长距离输电线路所造成的电能损失。太阳能的利用大致可分为光热转换、光电转换和光化学转换 3 种方式。其中光伏发电系统的原理是太阳能电池的光生伏特效应，可以通过太阳能辐射转换产生电能。太阳能光伏发电系统如图3-3所示。

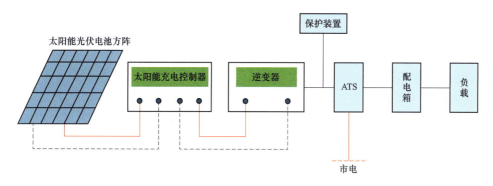

图3-3　太阳能光伏发电系统

太阳能电池组件是太阳能光伏系统的核心部件，占光伏发电系统价格的60％以上。太阳能电池目前应用的主要有晶体硅电池和薄膜电池两大类。一般来说，晶体硅电池效率明显高于薄膜电池效率。目前，世界上晶体硅电池实验室最高效率在20％～25％之间，薄膜电池因技术不同转换效率也不同，为10％～20％不等。与国际水平相比，我国的晶体硅电池技术基本达到世界先进水平。现阶段进入民用领域的主要是晶体硅太阳能电池，占目前产量的90％以上。薄膜太阳能电池具有省材、低能耗、便于大面积生产、原材料丰富、无毒无污染等优点，被公认为是未来太阳能电池发展的主要方向之一。

我国光伏发电系统装备制造技术和能力已达到较高水平，我国企业多晶硅生产成本降至70元/kg以下，单晶硅和多晶硅电池转换效率平均分别达到19.5％和18.3％，并以年均0.4个百分点的速度持续提高。多晶硅材料、光伏电池及组件成本均显著下降，光伏电站系统成本降至7元/W左右，光伏发电成本"十二五"期间总体降幅超过60％。光伏发电与火力发电成本发展趋势如图3-4所示。随着太阳能电池研究的深入、相关技术的发展及其转换效率的逐步提升，光伏发电成本将持续降低。此外，《太阳能发展"十三五"

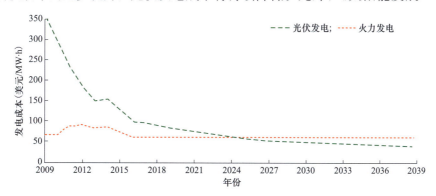

图3-4　光伏发电与火力发电成本发展趋势

规划》指出，到 2020 年，光伏发电电价水平在 2015 年基础上下降 50％以上，可在用电侧实现平价上网目标。

近年来，随着国家节能减排以及对发展新能源的逐步重视，太阳能光伏产业取得较快发展。在我国相关政策的推动下，太阳能光伏发电技术以其自身优越性势必进入蓬勃发展的新阶段，并将为我国能源产业发展提供重要保证。2022 年 3 月 22 日，国家发展改革委、国家能源局正式发布《"十四五"现代能源体系规划》，在"十四五"期间，非化石能源消费比重提高到 20％左右，到 2025 年，非化石能源发电量比重达到 39％左右，电能占终端用能的比重达到 30％左右。2025 年全国风光发电量相比 2021 年需增加 0.8 万亿 kWh，2020～2025 年风电光伏仍需年均新增装机 30GW＋。

与此同时，生活热水能耗是建筑能耗的重要组成部分，随着人们生活水平的提高，生活热水需求将越来越大。太阳能是一种取之不尽、用之不竭的能源，通过充分利用太阳能提供生活热水，可大大节省燃料费用，减少环境污染，实现建筑能源结构的可持续发展。太阳能热水系统是将太阳能转化为热能制取生活热水的装置，是太阳能利用的主要途径之一。太阳能热水器是太阳能光热转换技术应用最广泛的技术之一，通过集热器（目前最常见为真空管集热器、平板型集热器、聚焦集热器）吸收太阳辐射能，并将其转化为热能用于加热循环水。根据集热器工艺以及系统不同，可产生不同温度的热水（60～150℃），可用作生活热水、居民采暖热水以及部分工业热水等。

3. 生物质能利用技术

生物质主要是指农林业生产过程中除粮食、果实以外的秸秆、树木等木质纤维素（简称木质素）、农产品加工业下脚料、农林废弃物及畜牧业生产过程中的禽畜粪便和废弃物等物质。生物质能源来源广泛，容易获取，且具以下特点。

（1）可再生性。生物质能源是从太阳能转化而来，是通过植物的光合作用将太阳能转化为化学能，储存在生物质内部的能量，与风能、太阳能等同属可再生能源，可实现能源的永续利用。

（2）清洁低碳。生物质能源中的有害物质含量很低，属于清洁能源。同时，生物质能源的转化过程是通过绿色植物的光合作用将二氧化碳和水合成生物质，生物质能的使用过程又生成二氧化碳和水，形成二氧化碳的循环排放过程，能够有效减少人类二氧化碳的净排放量，降低温室效应。

（3）替代优势。利用现代技术可以将生物质能源转化成可替代化石燃料的生物质成型燃料、生物质可燃气、生物质液体燃料等。在热转化方面，生物质能源可以直接燃烧或经过转换，形成便于储存和运输的固体、气体和液体燃料，可运用于大部分使用石油、煤炭及天然气的工业锅炉和窑炉中。根据《"十四五"生物质能源发展规划》，预计到 2025 年，全国生物质发电总装机容量将达到 1500 万 kW。

（4）原料丰富。生物质资源丰富，分布广泛。根据世界自然基金会的预计，全球生物质能源潜在可利用量达 350EJ/年（约合 8.212Gt 标准油，相当于 2009 年全球能源消耗量的 73%）。根据我国《可再生能源中长期发展规划》统计，我国生物质资源可转换为能源的潜力约 0.5Gt 标准煤，今后随着造林面积的扩大和经济社会的发展，我国生物质资源转换为能源的潜力可达 1Gt 标准煤。在传统能源日渐枯竭的背景下，生物质能源是理想的替代能源，被誉为继煤炭、石油、天然气之外的第四大能源。

生物质能被评价为最具产业化、规模化前景的可再生能源，将在我国能源结构中占举足轻重的作用。主要可利用生物质能包括农林业废弃物、畜禽粪便、城市生活垃圾等。目前通过厌氧发酵制取沼气是生物能利用的主要方式之一，技术较成熟，并已得到广泛的应用。随着经济发展和人民生活水平的提高，城市生活垃圾产量保持稳步增长的趋势，蕴含的能源巨大。可将农作物秸秆、人畜粪便和生活垃圾有机质部分与水混合成液体发酵原料，在厌氧条件下，经历水解、酸化、醋酸化和甲烷化 4 个阶段，将农作物秸秆中可降解的有机物降解为 CH_4、CO_2、H_2、H_2S 等气体，这些气体的混合物称为沼气。沼气可以作为燃料直接进行资源化利用，也可以纯化提高甲烷浓度后供入天然气管网，作为城市天然气供应的补充气源。生物质能综合利用示意图如图 3-5 所示。

图 3-5　生物质能综合利用示意图

3.2.2　建筑高效冷热供应技术

1. 地源热泵技术

热泵技术是一种能从自然界低品位热源（空气、水或土壤），通过电力做功进行制冷/制热循环，输出能用的高品位热源/冷能的技术。

地源热泵系统是以岩土体作为低温热源，由热泵机组、地热能交换系统、建筑物内系统组成的供热空调系统。其工作原理与普通的空调机组类似（普通空调机组以空气为冷、热源），都是靠工作介质在蒸发器中蒸发吸热，在冷凝器中冷凝放热，来实现把一部分循环介质（主要是水或乙二醇）中的热量转移到另一部分循环介质中，从而实现夏季供冷和冬季供暖。地源热泵系统原理如图3-6所示。

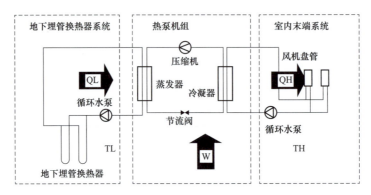

图3-6　地源热泵系统原理图

我国的地源热泵事业较国外起步较晚，自20世纪90年代初，国内才开始对土壤源热泵进行探索性研究。地源热泵技术与传统技术相比，虽然运行费用大大降低，但其初投资仍然相对较高。天津大学、清华大学分别与有关企业结成产学研联合体开发出国内品牌的地源热泵系统，已建成数个示范工程，可以预计，中国的地源热泵市场前景广阔，技术水平将会日趋成熟。《地热能开发利用"十三五"规划》指出，在"十三五"时期，新增地热能供暖（制冷）面积110000hm^2，其中新增浅层地热能供暖（制冷）面积70000hm^2；新增水热型地热供暖面积40000hm^2。京津冀地区地热能年利用量达到约2000Mt标准煤。地源热泵作为一种有益环境、节约能源和经济可行的建筑物供暖及制冷技术，是重要的发展方向。

2. 空气源热泵技术

空气作为热泵的低位热源，取之不尽，用之不竭，处处都有，可以无偿地获取。

空气源热泵是一种利用高位能使热量从低位热源空气流向高位热源的节能装置。空气源热泵在运行时，蒸发器从空气中的环境热能中吸取热量以蒸发传热工质，工质蒸汽经压缩机压缩后压力和温度上升，高温蒸汽通过储水箱外表面的环形管冷凝器冷凝成液体，释放出的热量传递给空气源热泵储水箱中的水，冷凝后的传热工质通过膨胀阀返回到蒸发器，然后再被蒸发，如此循环往复。空气源热泵系统原理如图3-7所示。

空气源热泵以极少的电能吸收空气中大量的低温热能，具有能耗低、效率高、安全性好、环保性强等优点，因此空气源热泵在供暖领域肩负着"节能减排""煤改电""清洁供暖"等使命。我国北方采暖地区，有超过20万hm^{2}的既有建筑需进行节能改造，其中采暖系统节能改造是重点之一。据初步分析，2020年前，我国北方传统采暖地区住宅每年平均用于采暖系统的投资已超过1000亿元。

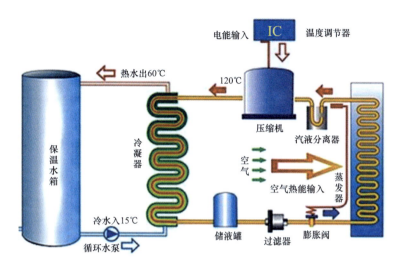

图 3-7　空气源热泵系统原理

空气源热泵适用于经济适用房、城镇别墅以及小型公建等场所，运行效果良好，采暖运行费用相对较低，因此未来社区中的居民区域可适量利用空气源热泵技术进行供热和制冷。

3. 水源热泵技术

水源热泵技术主要是利用地表水、地下水或污水作为热泵系统的冷热源进行建筑的采暖或制冷的节能技术。水源热泵空调系统由与用户侧冷冻水（或热水）换热的换热器、压缩机、热源侧换热器及其他辅助设备等组成。水源热泵系统工作原理如图 3-8 所示。

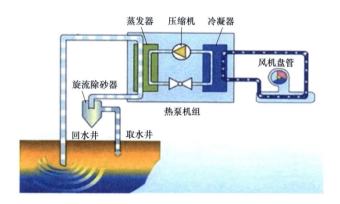

图 3-8　水源热泵系统工作原理

我国水热型地暖能源的含量相对丰富，尤其是中低温水热型地热能源的含量极多。依照有关的统计数据，在沉积盆地中含有大量的水热型地热资源，而我国的沉积盆地面积约占总国土面积的 40%，在各个省内均有分布，所以水热型地热资源的开发具有非常大的潜力。

4. 高效水冷冷水机组技术

高效水冷冷水机组属于高效电制冷技术，它的制冷效率高，系统投资低、运营成本低，适合应用于大型公共建筑或建筑群集中供冷。

制冷系统的基本原理：液体制冷剂在蒸发器中吸收被冷却的物体热量之后，汽化成低温低压的蒸汽被压缩机吸入，压缩成高压高温的蒸汽后排入冷凝器、在冷凝器中向冷却介质（水或空气）放热，冷凝为高压液体、经节流阀节流为低压低温的制冷剂、再次进入蒸发器吸热气化，达到循环制冷的目的。这样，制冷剂在系统中经过蒸发、压缩、冷凝、节流 4 个基本过程，完成一个制冷循环。

在制冷领域内，冷水机组在国内曾经占领 90％以上的市场空间。近年来，伴随着多联机组产品的发展，冷水机组市场的发展速度有所放缓，但是这并不代表冷水机组市场之后的发展趋势不如从前，相反，随着城镇化进程的加快以及建筑节能市场的促进作用，冷水机组在中国市场上有广阔发展前景和较大的上升空间。

高效冷水机组技术已十分成熟，并且初投资低、能效高，在未来社区以制冷为主要终端用能需求的背景下，高效冷水机组在制冷技术中将占有较大比重，适宜在冷负荷较高的公建中使用。

3.2.3 建筑节能与区域蓄能技术

作为未来社区能源互联网的一部分，社区冷热供应系统具有极大的节能蓄能潜力，能辅助削峰填谷、促进新能源发电消纳。目前的蓄能技术是把能量蓄存在介质中，常见的有冰蓄能、水蓄能、相变蓄能、建筑实体储能等技术。

1. 冰蓄能技术

冰蓄冷空调是指利用双工况制冷主机，在夜间电力低谷段制冰，其冷量以冰的形式储存起来，然后优先在电力高峰段释放出来。这样在电力高峰段就可以少开甚至不开主机，从而减少制冷主机装机容量，并且将一部分高峰段空调用电量转移至低谷段，达到节省电费的目的。冰蓄冷系统工作原理如图 3-9 所示。

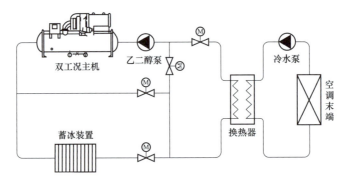

图 3-9　冰蓄冷系统工作原理

冰蓄冷系统从构成上来说只是在常规空调系统的基础上增加蓄冰装置、板式换热器、乙二醇溶液泵，其他各部分在结构上与常规空调基本一致，它在遵循的技术规范方面也与常规空调基本一致。冰蓄冷系统具有如下特点。

（1）平衡电网昼夜峰谷电力负荷，提高电厂发电效率。

（2）减少制冷主机装机容量，减少空调系统电力变配电设施费用。

（3）利用峰谷电价差，显著降低空调运行电费。

（4）空调系统使用更加灵活，在节假日、休息日等小负荷状态下，可融冰供冷，无需开启制冷主机，避免制冷主机低效运行，节能效果更明显。

（5）蓄冰装置的蓄冷量可作为应急冷源，在机房停电、末端用电正常时，机房应急柴油发电机只需供应融冰泵和冷冻泵电量即可供冷，提高了空调系统的可靠性。

（6）冷冻水温度可降至 $2\sim4℃$，可实现冷冻水大温差或低温送风，降低水管、风管的口径，降低建筑层高。低温送风技术可降低室内相对湿度，提高空调舒适性。

（7）使空调冷水机组更平稳地运行，更多时间处于满负荷工作状态，提高冷水机组的利用率和使用寿命。

（8）供冷启动时间短，只需 $15\sim20min$ 即可达到所需温度，常规系统约需 1h。

2. 水蓄能技术

水蓄冷/热空调是利用电网的峰谷电价差，夜间采用冷/温水机组在水池内蓄冷/热，白天水池放冷/热而主机避峰运行的节能空调方式。它具有投资小、运行可靠、制冷/热效果好、经济效益明显的特点，每年能为用户节省可观的中央空调运行费用，还可实现大温差送水和作为应急冷/热源。

20 世纪 90 年代初，我国开始建造蓄冷工程，蓄冷工程主要集中在城市建设和经济发展迅速、白天高峰电力紧缺的北京、广东和东南沿海地区。预计今后蓄冷技术将会在我国更广大的地区得到应用和推广。

相对于冰蓄冷系统投资大，调试复杂，推广难度较大的情况来说，水蓄冷具有经济、简单、可蓄冷也能蓄热的特点，可利用大型建筑本身具有的消防水池来进行冷/热量储存，所以水蓄能技术具有广阔的发展空间和应用前景，其社会效益体现在可以平衡电网负荷，减少电厂投资，净化环境，符合国家产业政策发展方向。在实际项目中，水蓄能通常与地源热泵、燃气锅炉搭配使用。

3. 相变蓄能技术

相变储热主要是通过相变材料在相变的过程中释放或者吸收一些热量，并且确保温度恒定，在此过程中相变潜热所能存储的热量和一般的液体、固体相比非常大，相变蓄热往往具有设备体积相对较小、储能密度相对较大的特点，在相变转换的过程中，可以分为液——气、固—气、固—液、固—固 4 种，在此过程中固—气以及液—气在相变的时候，体积变化相对较大，而固—固相变在这方面相对较小，但是很容易出现严重塑晶等情况，固—液材料通常条件下体积相对变化较小，而且相变过程中吸收释放热量较大，可以很好地进行过程控制，根据工作温度可以分为中高温相变材料以及低温相变材料，低温相变材料主要包含了石蜡、无机水合盐、脂肪酸等，中高温相变材料主要包含了合金、金属、无机盐等。

相变蓄热技术是一种非常好的蓄热处理技术，这种技术可以将时间和空间上面供求不平衡、不匹配的问题解决掉，是提高能源利用率的一种合理方式。

4. 建筑实体蓄能技术

建筑实体蓄能是利用建筑现有的通风空调制冷系统，而不需要额外增加冰蓄冷、水蓄冷等蓄能系统。当建筑具有风机盘管加新风系统时，可利用新风系统从室外引进低温冷风，如果新风量不能满足建筑实体降温的需求，就启动风机盘管系统，加大风量和制冷量。当建筑采用地埋管辐射空调系统时，可利用室外冷空气把循环水降温，再送入室内，使地板降温。因此，建筑实体蓄能就是利用建筑现有通风空调制冷系统，通过风、水循环介质，把室外能量蓄存在建筑实体中。

在我国高纬度、高海拔地区，夏季凌晨会出现持续时间较长的低温，通常在20℃以下，为建筑实体蓄冷提供了免费的天然冷源，比如我国的东北、西北、西南地区，青藏高原、黄土高原、云贵高原地区，很多地方7月份的平均最低气温在20℃。在其他月份，还会出现更低的温度，在这些地区有丰富的天然冷源。在我国其他地区夏季凌晨也会出现20℃以下的时间窗口，是建筑实体蓄冷的好时机。此外，在实行峰谷平电价的区域，夜间利用廉价的电能，启动建筑的空调制冷系统，向房间送冷风或冷水，把建筑实体的温度降到零点温度以上，它不受地理位置、气候条件的限制，任何地方都可以实施，节省电费效果显著。

3.3　未来社区供热供冷系统

未来社区集中冷热供应系统将以能源站为核心，利用新能源、新型供冷供热技术及建筑节能区域蓄能技术，实现能源耦合互补，在满足居民对舒适生活环境需求的同时，提升能源和经济效益。

3.3.1　集中供热供冷系统

集中供热供冷系统包括能源站、输配管网、用户端接口和末端设备4个基本组成部分，如图3-10所示。其中能源站是集中生产冷热媒介的场所，利用新能源（太阳能、生物质能等）或电能，通过先进高效的制冷和制热设备，制造社区所需的冷热能，并通过管网与用户连接，为社区居民提供必需的冷热能，同时利用蓄能技术，蓄能蓄热，形成热网储热、建筑蓄能、电热协调互补的社区高效集中供冷供热系统，提高能源效益，降低用能成本。

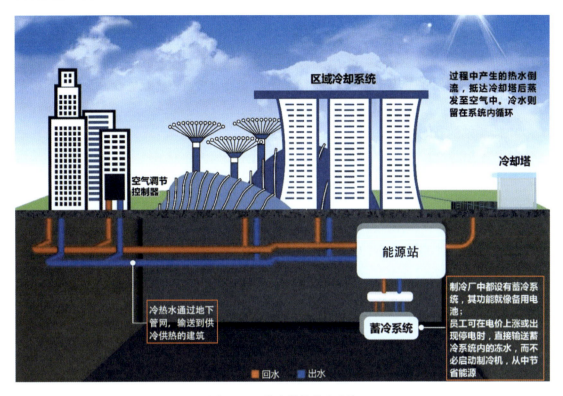

图 3-10　集中供热供冷系统

1. 能源站的位置

集中供热供冷的能源站位置应设置在空调负荷中心。根据 1500m 的经济供冷半径原则，一个能源站至少可辐射 4 个社区（即 100hm² 的未来社区规划单元）。能源站辐射范围示例如图 3-11 所示。如果规划单元更小，能源站就可辐射更多社区。因此规划能源站的位置时，不应局限于一个社区单元，而要从规划区域的整体考虑，才能提高能源站的综合利用率。

2. 能源站的冷热源

集中供热供冷能源站的冷热源需结合当地的能源条件、结构、价格等因素进行综合考虑。在政策及技术条件允许的前提下，选择冷热源时，除可利用的废热、工

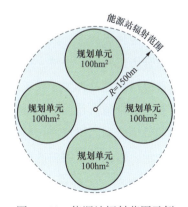

图 3-11　能源站辐射范围示例

业余热外，应尽量采用可再生能源。其中，冷热源应优先选择成本较低的地表水源（江、湖）和海水源，其次选择土壤源（地埋管）。但在地质状况不良区域存在地埋管成本高、埋管条件不足等不利因素，设计师应考虑其他常规能源（如天然气、电等），并采用复合

式供冷供热方案。

3. 能源站宜分期建设

集中供热供冷能源站应根据不同的建设阶段、用户的使用特征进行冷热负荷分析，确定同时使用系数及系统总装机容量。同时，在规划能源站时，应充分考虑分期投入和建设的可能性，如机房土建、管网需一次性建设到位，而冷水机组、水泵等设备则可采用位置预留方案。

4. 能源站的节能控制

集中供热供冷能源站若要实现节能，还应对其采用监测和控制技术，如在能源站采用机组群控系统。机组群控系统不仅包括冷水机组、水泵、阀门等设备的顺序启停及连锁控制等功能，还能根据机组特性及末端的负荷变化实现机组数量控制，更能通过冷量控制方式，使机组始终运行在高效状态。

5. 对建筑设计的影响

以往的住宅建筑设计方案一般采用分体空调，无需考虑中央空调对建筑净高、建筑空间等建筑部位的影响。但采用集中供热供冷的未来社区设计方案，应充分考虑建筑层高、空调管道井等因素，并在规划设计中预留充足的集中供热能源站面积。

集中供热供冷系统常根据不同的环境及地理因素采用不同的热泵技术和蓄冷技术，进一步提升城市供热供冷的经济性。

热泵技术是一种高效供能技术，即通过热泵设备，从空气、水或土壤中获取低品位热，并经过电力做功输出可用的高品位热能。热泵技术的特点是效率高、无污染物，是一种经济、低碳、环保的能源供应技术。

在空调应用领域，热泵技术可分为空气源热泵、水源热泵以及地源热泵3类。国内应用的热源主要有空气源、地下水源、地表水源（江、湖）、土壤源、污水源、海水源等。但由于热源种类较多，因此在未来社区能源站中应用的热泵技术应结合项目的周边环境特点，综合考虑技术、经济、政策等多方面因素，因地制宜地选择最合理的热泵类型。

蓄冷技术是一种关于低于环境温度的热量（即冷量）储存和应用的技术，是对制冷技术的补充和调节。目前，空调系统中应用较多的蓄冷技术是冰蓄冷技术。它可在夜间用电低谷期采用电制冷机制冷，并将冷量以冰的形态储存起来；在白天用电高峰期将冰融化，释放冷量，以此满足用户的供冷需求。冰蓄冷技术的特点是能够转移电力高峰用电量、平衡电网峰谷差、缓解供电压力、节省制冷设备运行费用，具有良好的社会效益和经济效益。

热泵技术可满足冬季采暖和夏季制冷需求，而冰蓄冷技术则可满足夏季电力低谷时冷量存储需求。当两者合理结合并运用后，不仅可为用户提供更加廉价的采暖制冷方案，还可有效平衡电网的昼夜峰谷差。目前在工业园区能源站运用该技术后，已取得较大的经济效应。因此未来社区的能源站也可同时应用热泵技术与冰蓄冷技术。

在未来社区中采用集中供热供冷方案，不仅能实现循环无废、节能减排，还能产生较好的社会效益与经济效益。因此应在能源端优先选择水源、地源、空气源，最大化提高可再生能源利用率；在设备端合理结合热泵技术和蓄冷蓄热技术，充分平衡电网峰谷负荷；在建筑端运用被动房建筑技术、近零能耗建筑技术等建筑技术，降低用户端空调负荷，进一步实现未来社区低碳场景。

3.3.2　典型综合能源站模式

1. 天然气分布式能源站

天然气发电成本居高不下，使得其应用的经济性较差，但天然气发电作为清洁能源，具有污染小、运行灵活、系统经济性好等优点，在应用于分布式发电时，既可实现能源的梯级利用，提高能源利用效率，又可以对系统的安全稳定起到积极作用。

天然气分布式能源是指以天然气为燃料，利用中小型燃气轮机、燃气内燃机、微型燃气轮机等设备，将天然气燃烧后产生的高温烟气首先带动发电机发电，然后再通过余热锅炉或余热直燃机等设备回收利用余热烟气，为工业企业提供蒸汽并全年提供生活热水，同时还可在冬季为建筑物供暖，在夏季通过吸收式制冷机供冷。通过能源的梯级利用，使系统的综合能源利用率达到 70% 以上，是典型的现代能源利用方式之一。自 20 世纪 70 年代末至今，美国已有 6000 多座分布式能源站。美国的分布式发电以天然气热电联供为主，年发电量 160TW·h，占总发电量的 4.1%。欧洲分布式电源的发展在全世界处于领先水平，丹麦、荷兰、芬兰分布式能源的发电总量分别占国内总发电量的 52%、38% 和 36%。

某高新科技园区的一个天然气分布式供能系统装机容量 150MW，无功容量 72.6Mvar，总投资 7.2 亿元人民币，年利率 8%，预期使用期限 25 年。供能系统接入配电网位置距区域变电站 16km。该区域负荷有功需求 230MW，无功需求 111Mvar。在日常运行时，该供能系统还承担了配电网系统的调峰任务以及大系统的黑启动任务，归属于系统型的天然气分布式能源系统。

在中国目前的电力市场中，用户直购电市场尚未正式开放，该分布式供能系统的电量全部卖给电网，由电网统一进行销售，而其生产的冷、热、蒸汽等可直接与用户进行交易。在一年的统计周期内，该供能系统的生产数据如下：年发电量 779.20GW·h，年供热水量 128.383TJ，年供蒸汽量 450kt，年供冷量 36TJ。该分布式能源站电能全部卖给电网，按照国家规定的上网电价水平销售，其余的价格水平是按照价格管理部门核实的价格水平确定。

在采集该区域建设天然气分布式能源系统前后数据时，区域内的部分工业企业采用锅炉供蒸汽、供热水，利用电空调制冷，部分居民用户采用自主分散天然气采暖，享有采暖补贴。同时因分布式接入系统替代了区域内原有的锅炉系统，减少了区域内的污染物排放，带来了一定的环境经济效益。

应用综合价值模型得出的天然气分布式能源站除可带来自身的价值收益外，对比未接入天然气分布式能源的系统而言，每年所带动的社会环境价值可达3426万元，可减少输电线路损耗1267.5万元；天然气分布式能源站总能源利用效率高达79.78%，相对于当前大规模超超临界燃煤电厂最高45%的能源利用率，其效率增长明显，反映了分布式应用较高的能效利用水平，同时也说明了天然气分布式能源站具有规模化推广的价值。

2. 污水源热泵中心能源站

随着我国城镇化建设的不断发展和工业企业发展速度的不断加快，生活及工业污水的排放量也逐年上升。现阶段，大部分的污水经过污水厂处理后，达到国家排放标准直接排放，而排放的污水在所经历的各处理过程中，即使在冬季，水温一般也都在10℃以上，直接排放造成了能量的大量损失。采用污水源热泵系统，冬季可以将污水中的低品位热能提取出来，经过热泵做功，达到可以供用户供热的温度；夏季可以将制冷系统产生的冷凝热量排放到污水中。一机两用，可以同时满足用户的供冷、供热需求。

位于山东省某市高新区内的污水源热泵中心能源站直接建在污水处理厂中，周围为高新区内多家企业规划用地，潜在用能客户众多。污水源热泵中心能源站的建设分为两期进行，一期供能面积为12.5hm²，输送距离为500m，二期供能面积为29hm²，输送距离为2000m。一期所供全部为新建建筑，既有公建也有住宅，为了更好地采用污水源热泵系统作为冷热源，在一期建筑末端所用风机盘管及地板辐射供暖的设计中适当降低了供回水温度，冬季风机盘管供暖设计温度为46/39℃，地板辐射供暖采用高低分区，以板式换热器相隔，设计温度为45/37℃；夏季风机盘管供冷设计温度为5/12℃。设计中冬、夏季均采用了7℃的大温差，目的是降低水流量，从而降低水泵的耗功，提高系统能效比。污水源热泵中心能源站总设计冷负荷为6400kW，热负荷为5400kW，一期设计以此为依据。

该项目污水处理厂污水来源的90%以上为高新区内的工业企业，生活污水所占比例较小。由于各个企业工艺处理过程的需要，污水的排水温度高于生活污水的排水温度，且微生物含量低于普通生活污水。污水经过污水处理厂处理后，排水水质经检测已经达到国家A级排放标准，但是能否作为热泵的低位热源，还需要对水温、水量和水质进行全面分析。

污水排水温度是影响污水源热泵应用效果的重要因素，为了全面评估污水是否能满足污水源热泵冬季供热和夏季供冷的需要，对污水处理厂在供热期和供冷期内的污水排水温度进行了全面监测，发现污水的日均排水温度在供热期（11月15日—次年3月15日）为在17～21℃，在供冷期（6月20日—9月30日）为23～26.7℃。由此可知，污水水温非常适合应用于污水源热泵系统，是理想的热泵低位热源。夏季将污水作为冷却水，效果明显优于冷却塔的冷却工况。

污水的水量是决定污水源热泵系统能否稳定满足用户需要的重要因素，因此需对供热期和供冷期的污水排水量进行监测，监测结果发现，污水厂的日累积排水量在供热期最低处理量为 122863m³/d，最高处理量为 217500m³/d，整个供热期日均处理量为 169042m³/d，日均小时处理量为 7043m³/h。在供冷期最低处理量为 165945m³/d，最高处理量为 279429m³/d，整个供冷期日均处理量为 211547m³/d，日均小时处理量为 8814m³/h。完全满足污水源热泵中心能源站一期供冷污水需求量 1650m³/h 和供热污水需求量 1470m³/h。

污水厂排水的水质对污水源热泵机组中换热器材质的选择有决定性的作用，尤其是需要关注具有腐蚀性的酸根及具有氧化性的高价金属离子的浓度。因此，虽然污水处理厂的排水已经达到了国家 A 级排放标准，但具体到污水源热泵系统的应用，还要进行更详细的分析化验。化验结果可以看出，污水排水中硫酸盐、氯离子和硬度都很高，均超过了《城市污水再生利用工业用水水质》（GB/T 19923—2005）中的相关标准。因此，应在污水源热泵中心能源站的方案论证及设计过程中充分考虑水质条件产生的制约因素。

该项目一期工程建设在污水处理厂中，具有优越的污水源利用条件，就近引水，大大降低了污水取水的投资费用。污水处理厂建于城市的高新区内，周围有大量新建建筑，需要供能的用户较多，这些都是推动建立污水源热泵中心能源站的积极条件。

在污水源热泵系统设计的过程中，要充分考虑到污水的水质因素对系统形式的影响，综合权衡分析热泵机组的效率和投资等多方面的因素，使系统在安全可靠运行的前提下，具有尽量高的能效比。

在中心能源站与用户间连接方式的对比中，既要考虑节能高效的因素，也要考虑外网系统针对不同类型用户供能的方便调节和控制等因素，外网系统应具有良好的增容扩展能力，并具备便捷的调控方法，使能源站和用户侧可以做到管理职责明确划分。

污水源热泵系统是国家节能和可再生能源开发利用方针政策重点推广的技术，对于我国在未来的发展中实现节能减排目标、推动低碳经济发展战略具有积极的作用。现阶段，我国的污水源热泵技术应用仍然处于初级阶段，需要不断地探索和积累，使这一节能环保技术得到更加快速的推广，实现更大的环境、经济和社会效益。

3. 综合能源项目

位于东莞的松山湖综合能源项目是南方电网责任有限公司首批综合能源示范项目，将建成投产第一个由电网主导、冷热电多能供应、耦合交直流混合微电网的综合能源站。

2017 年 8 月，东莞松山湖（生态园）高新产业开发区管理委员会与东莞供电局签署"东莞松山湖创国际一流综合能源示范区战略合作框架协议"，协议制定了以智能电网为基础、以分布式能源为支撑、以综合能源管控平台为运维手段的电网升级发展战略，加速推进构建国际一流综合能源示范区，同时助推松山湖建设成为绿色低碳发展先行示范区。2019 年，东莞松山湖科技园区用电量 2009MW·h，最高负荷 345.3MW，同比增长

37.3％。目前，该园区入住率达 80.36％，共有 26000 多家用户。其中，最大用户华为的年用电量约为 600MW·h，由于 2019 年华为将增加一新生产线，预计 2019 年华为用电量将超 900MW·h；其次为华为的产业链企业蓝思科技，年用电量约为 200MW·h，超过 10MW·h 的用户约有 8 个。

该园区的用能特点为：①部分企业用电容量大，超 100MVA 容量的有 2 家（华为、蓝思科技），超 10MVA 容量的有 37 家；②大用户均为制造业企业，且都从事高精密仪器生产。这类用户对电能质量和电网供电可靠性要求极高，若线路闪断或电压波动大均会对用户设备产生影响甚至烧坏，对生产线的运作造成不可预估的损失。

根据松山湖智能电网示范区"1＋N＋1"规划建设思路，全面开展 1 张安全可靠电网、N 个综合能源项目、1 个能源互联共享平台的建设。随着企业入驻率的不断提高，综合能源项目的增多，平台将逐步接入更多的综合能源项目，最终形成整个园区用户的全覆盖。

东莞能源互联共享平台基于"大云物移智"技术，是以松山湖高新产业园区为试点的智网慧能信息共享平台，面向电网、政府、供能企业、用户、竞争性企业等多方主体，实现用户侧、分布式资源全面状态感知，支撑竞争性业务的横向延展，实现多能协同优化、一体化设施运维、客户服务等具有用户黏性和价值创造的功能。其主要功能包括能源运营管理、能源协同与优化、能源模型建模、能源能量管理（IEMS）、能源设施运维服务和能源客户服务六大业务模块。平台目前已接入了光伏 6 个、储能 6 个、充电站 2 个（桩 20 条）、柔性负荷 3 个以及由以上元素任意组合形成的微网 2 个，智能配电房 1 个，同时具备能源路由器、冷热电三联供机组的管理能力，实现了用能侧主要元素的全覆盖。

借鉴松山湖智能电网示范区"1＋N＋1"的规划建设思路，其他企业在开展综合能源服务业务时，可借鉴该模式，建设 1 个综合能源服务管控平台，开展 N 个综合能源服务项目，实行"1＋N"发展模式，逐步拓展业务能力。松山湖综合能源项目在先期运营时将靠自身经营项目向平台引流，接入更多客户用能数据，后期通过提供免费用能诊断等方式逐步引入外部客户接入平台，届时将实现园区级综合能源服务各种能源协同和互动，该项目对综合能源服务在园区的应用具有很强的示范和推广意义。

3.3.3　未来智慧供热供冷系统

区域供冷供热是在区域供热基础上发展起来的。区域供热在欧美国家已经有一百多年的历史，美国从 1877 年、俄罗斯从 1903 年开始就有了区域供热工程。由于这项技术具有显著的经济合理性，所以在各国均有较大的发展，区域供热事业成为一些国家社会公共事业的一部分。

区域供冷是在近几十年才逐渐发展起来的，其间经历了两次石油危机，发展并不太顺利。直到第二次石油危机后，能源和环境问题日益受到世界各国的重视，区域供冷供热的应用才再度成为研究的焦点。这项技术的研究和应用主要集中在美国和日本两个国家，欧洲由于气候原因，只在法国巴黎和德国汉堡等城市的现代化楼房街区中有所应用，所以其普及发展的可能性不大。

美国学者早在 20 世纪 40 年代就正式提出了区域供冷的概念。20 世纪 60 年代，世界第一个冷热联供系统在 Harford City 建成并投入运行。后来美国纽约蒸汽公司首次使用吸收式制冷机来增加汽轮机的夏季负荷，以求多发电又制冷。但由于当时只有单效吸收式制冷机，其热力系数很低（0.6～0.7），从经济性上无法和电压缩式制冷机相比，因此发展受到限制。而近些年来双效吸收式制冷机的研制成功，使这种系统再次受到重视。20 世纪 70 年代纽约世界贸易中心采用该技术向其建筑物群集中供冷供热，供冷量达到 172MW，成为当时世界上规模最大的一项区域供冷供热工程。一些新建的城市和地区已经使用或正在考虑使用区域供冷供热系统，目前有众多的学者从事有关区域供冷供热方面的研究，并在多项技术上保持优势。

区域供冷供热在日本的发展可分为三个阶段。第一阶段是 1970～1990 年的创业期，当时区域供冷供热正处于技术和性能的实验阶段，此期间建造的有大阪万国博览会场、千里新城、东京新宿新都心地区和新东京国际机场等工程；第二阶段是 1990～2010 年的逐步推广期，这时区域供冷供热的技术已趋于完善，并尝试使用多种热能来源，如垃圾焚烧热利用、地铁废热利用、未处理排水热利用和海水利用等；第三阶段是 2010～2030 年的真正普及期，到那时将全面推广区域供冷供热，使其和电力、煤气和供水一样成为都市基本市政设施之一。

近年来，我国建造了上海浦东国际机场、天津港保税区等应用区域供冷供热系统的工程实例，已取得了较好的经济效益、社会效益和环保效益。但与国外特别是与日本的发展现状相比，以上工程不仅数量少且规模小，还有不少技术问题有待进一步研究和解决。因此我们应加强热电联产方面的专业渗透和集中供冷供热的科研工作，强化对兼备供热和制冷专业知识的人才培养，根据实际情况发展和建设适合我国特色的区域供冷供热事业。

能源领域智能创新，正在改变我们的生活。未来，随着智慧能源的普及应用，"供冷""供热"将像使用水电气一样方便。当前，我国正在构建清洁低碳、安全高效的现代能源体系。未来，电网公司不光卖电，发电企业不光发电，他们都将向综合能源服务商转型。在此理念基础上诞生的智慧供热，是以供热信息化和自动化为基础，运用物联网、空间定位、云计算、信息安全等"互联网＋"技术，感知连接供热系统"源网荷储"全过程中的各种要素，通过构建具有自感知、自分析、自诊断、自优化、自调节、自适应特征的智慧型供热系统，更高效率满足人的热舒适需求的现代供热生产与服务新范式。具体来说，其将采用区域高效供冷供热模式，对一定区域内的建筑物群，以可再生能源技术为基础，投资建设区域高效供冷供热基站，集中制取空调热水、冷水后，再通过管网提供给终端用户，满足用户制冷或制热要求。

随着现代能源体系的加速构建，以智能型、社会化的高效供冷供热服务为特色的综合智慧能源事业迎来新的发展，其智慧、健康、生态、节能、环保的优点，将为大众打造更为舒适的环境和生活。

第4章

新 型 储 能 系 统

4.1 储 能 概 述

4.1.1 储能的概念及分类

在电气化大趋势下，到 2030 年，风电和光伏装机容量目标为 1.2GW，未来十年需要增加约 0.7GW，每年达到 70MW。单纯地看，1.2GW 的目标似乎很容易实现。然而，低碳电力并不是简单的加法。太阳能、风能等可再生能源受自然环境影响较大，导致新能源发电具有随机性、间歇性等特点，降低了可再生能源发电的稳定性和连续性。这不可避免地对电力系统的实时电力平衡、维护电网的稳定和保证发电并网后用户用电质量产生不利影响。储能系统的加入，可以有效降低风能和太阳能的间歇性和可变性对整个电力系统的影响。

储能是通过特定的装置或物理介质将不同形式的能量通过不同方式储存起来，以便以后在需要时利用的技术。储能主要是指电能的储存。储能本身不是新兴的技术，但从产业角度来说却是刚刚出现，正处在起步阶段。而新型储能在推动能源领域碳达峰碳中和过程中发挥了显著作用。

储能主要分为物理储能（抽水储能、压缩空气储能、飞轮储能等），化学储能（铅蓄电池、液流电池、钠硫电池、锂电池）和电磁储能（超导电磁储能、超级电容器储能等）三大类。其中最成熟的是抽水储能、铅蓄电池；正处于示范推广阶段的是飞轮储能、压缩空气储能、锂电池；处于初期发展的是液流电池、钠硫电池、超级电容等。目前新型储能一般指除抽水储能以外的储能方式，以化学储能为主。

4.1.2 储能技术简介

1. 抽水蓄能

抽水蓄能即利用水作为储能介质，通过电能与势能相互转化，实现电能的储存和管理。利用电力负荷低谷时的电能抽水至上水库，在电力负荷高峰期再放水至下水库发电。可将电网负荷低时的多余电能转变为电网高峰时期的高价值电能。抽水蓄能适用于调频、调相，稳定电力系统的周波和电压，还可提高系统中火电站和核电站的效率，但该方式受地理限制，投资成本高，经济性差，投资回报期长。

2. 飞轮储能

飞轮储能是指利用高速旋转的飞轮将能量以动能的形式储存起来，需要能量时，飞轮减速运行，将储存的能量释放出来。该技术能量密度不高，较难获得国家的科研经费支持，且自放电率高，如停止放电，能量将在几个小时到十几个小时自行耗尽。

3. 压缩空气储能

压缩空气储能采用空气作为能量的载体，大型的压缩空气储能利用过剩电力将空气压缩并储存在一个地下的结构（如地下洞穴），当需要时再将压缩空气与天然气混合，燃烧膨胀以推动燃气轮机发电。压缩空气储能的特点如下。

（1）需要大的洞穴以存储压缩空气，与地理条件密切相关，适合地点非常有限。

（2）需要燃气轮机配合，并要一定量的燃气作燃料，适合于用作能量管理、负荷调平和削峰。

以往开发的是一种非绝热的压缩空气储能技术。空气在压缩时所释放的热，并没有储存起来，而是通过冷却消散了，而压缩的空气在进入透平前还需要再加热。因此全过程效率较低，通常低于 50%。

4. 电化学储能

电化学储能是用各种电池进行储能，利用化学元素作为储能介质，通过储能介质的化学反应实现充放电过程的一种储能方式，常见的储能系统有铅酸电池、液流电池及锂离子电池 3 种。

（1）铅酸电池。铅酸电池是一种电极主要由铅及其氧化物制成，电解液是硫酸溶液的蓄电池。目前在世界上应用广泛，循环寿命可达 1000 次左右，效率能达到 80%～90%，性价比高，常用于电力系统的事故电源或备用电源。铅酸电池的特点是能量密度低，寿命短，其不足之处还在于，如果深度、快速大功率放电时，可用容量会下降。如今，铅酸电池通过将具有超级活性的炭材料添加到铅酸电池的负极板上，将其循环寿命提高很多。

（2）液流电池。液流电池是将正负极电解液分开各自循环的一种高性能蓄电池。电池的功率和能量是不相关的，储存的能量取决于储存罐的大小，因而可以储存长达数小时至数天的能量，容量可达 MW 级。这个电池有多个体系，如铁铬体系，锌溴体系、多硫化钠溴体系以及全钒体系，其中钒电池最火。液流电池的不足之处有电池体积太大、电池对环境温度要求太高、价格贵、系统复杂等。

（3）锂离子电池。锂离子电池通常称锂电池，是一类由锂金属或锂合金为负极材料、使用非水电解质溶液的电池，主要应用于便携式的移动设备中，其效率可达 95% 以上，放电时间可达数小时，循环次数可达 5000 次或更多，响应快速，是电池中能量最高的实用性电池，目前应用最为广泛。近年来，锂离子电池的技术在不断进行升级，正负极材料也有多种应用。市场上主流的动力锂电池分为钴酸锂电池、锰酸锂电池和磷酸铁锂电池三大类。钴酸锂电池和锰酸锂电池能量密度高，但是安全性稍差，而磷酸铁锂电池刚好相反，国内电动汽车（如比亚迪）大多采用这种电池。

目前市场上应用最多的方式为电化学储能。预计在未来的发展中，电化学储能还将继续保持热度，成为主流的储能方式。

4.2 社 区 储 能

4.2.1 社区储能简介

随着人们开始追求更加舒适、智能、便捷的居住环境，智能社区应运而生，且智能电网的发展也使得智能社区作为能源使用终端受到广泛关注。社区储能即智能社区支持清洁能源与储能系统，能源梯级利用、循环利用，引导用户优化用能结构，提高能效、实现节能减排。

在未来社区中建立储能单元，如热水器、电动汽车和电池等电能表后端和用户端资源，这些储能单元可减轻用户本身的电费支出。

未来社区储能单元采用分布式能源方式，能够为用户、电力公司以及整个电网提供多重服务。未来社区的储能单元能够为社区中的家庭住房提供备用电力，以及降低电力公司峰值负荷以及在区域规模下平衡能源供需等。

在未来社区中，也可以安排电网集中控制的电热水器、电动汽车等储能资源，将这种价值进一步规模化，从而服务于居民。

要想建立社区的储能模式，要能做到以下几点。

（1）社区储能系统要能够向区域电网运营商提供一种甚至是多重的帮助。

（2）在社区中建立储能系统，对其进行运维和拥有其资产所有权的企业理论上最好是私人企业或者其他的商业组织。

（3）社区储能系统比较适用于家用和一些公司及工厂等电压等级较低的电网。在社区中建立储能系统，用户还能够获得相应的一些服务。

（4）社区储能系统面向的不仅仅是储能系统的拥有者和运行储能系统的公司，还有各种各样类型的客户。

4.2.2 社区储能的应用

在未来社区中，储能的应用为我们的生活带来极大的便利，社区储能正在成为用户侧储能应用的新趋势。

1. 充电站

2021 年 7 月 29 日，国家发展改革委发布《关于进一步完善分时电价机制的通知》。通知提出，将优化峰谷电价机制，并建立尖峰电价机制。尖峰电价在峰段电价基础上上浮比例原则上不低于 20%。发展改革委有关负责人指出，此次进一步完善分时电价机制的最大亮点就是合理拉大了峰谷电价价差，这为引导电力用户削峰填谷、促进储能加快发展释放了清晰强烈的价格信号。

目前，光储一体化充电站也是比较普遍的应用场景，如图 4-1 所示。光储一体化充电站一方面缓解了充电高峰时充电桩大电流充电对区域电网的冲击，另一方面通过峰谷差价，给充电站带来了非常可观的收益。目前在江苏、广东、四川、云南、陕西、山东等地区均有建设投运。

图 4-1 光储一体化充电站

2. 通信基站

5G 大规模建设已开启，5G 通信基站如图 4-2 所示，其设备的天线通道数量和站点容量大幅提升，导致基站整体功耗上升，5G 基站供电与备电需要升级扩容。传统铅酸电池体积大、重量重，有限的机房和站址空间已无法容纳这么多蓄电池了。在储能系统中，用体积更小、重量更轻、能量密度更高、寿命更长、性能更优的锂电池来替代铅酸电池是大势所趋。

2020 年全年新增 5G 基站约 58 万个，累计已建成 5G 基站 71.8 万个；电信联通正式将 5G 共享共建落实，5G 基站共建共享 33 万个。2021 年有序推进 5G 网络建设及应用，主城市 5G 迅速覆盖，推动产业链景气度上行，新建 5G 基站 60 万个以上。

图 4-2 5G 通信基站

3. 电动汽车的 V2G 技术

电动汽车 V2G 充放电技术是指电动汽车给电网送电的技术，其核心思想就是利用大量电动汽车的储能源作为电网和可再生能源的缓冲，如图 4-3 所示。V2G 技术正受到人们的广泛关注，这是因为通过 V2G，电网效率低以及可再生能源波动的问题不仅可以得到很大程度的缓解，还可以为电动车用户创造收益。

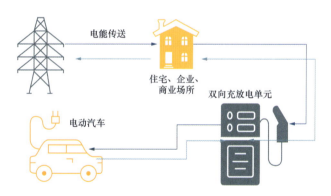

图 4-3 V2G 充放电技术

可再生能源系统（如太阳能，风能等）正被大量接入电力系统中。由于可再生能源自然的不连续性会引起发电的波动，迫切需要其他能源（如电池能量存储系统）进行补偿，以平滑可再生能源的自然可变性，保证电网频率的稳定并抑制由反向功率流引起的电压上升。

V2G 技术可为废旧的动力电池组提供循环再利用的可能，虽然废旧电池已不足以支撑日常用车需求，但通过 V2G 技术可作为储能单元在电力消耗峰值期间逆向供电给电网，实现"变废为宝"，为用户创造收益。

4.3　电化学储能技术

4.3.1　电池介绍

1. 锂离子电池

锂离子电池是现代高性能电池的代表，由正极材料、负极材料、隔膜、电解液 4 个主要部分组成。相对于其他类型电池，锂离子电池具有以下显著的优点。

（1）工作电压高。钴酸锂锂离子电池的工作电压为 3.6V，锰酸锂锂离子电池的工作电压为 3.7V，磷酸铁锂锂离子电池的工作电压为 3.2V，而镍氢、镍镉电池的工作电压仅为 1.2V。

（2）能量密度高。锂离子电池正极材料的理论能量密度可达 200Wh/kg 以上，实际应用中由于不可逆容量损失，能量密度通常低于这个数值，但也可达 140Wh/kg，该数值为镍镉电池的 3 倍，镍氢电池的 1.5 倍。

（3）循环寿命长。目前，锂离子电池在深度放电情况下，循环次数可达 1000 次以上；在低放电深度条件下，循环次数可达上万次，其性能远远优于其他同类电池。

（4）自放电小。锂离子电池月自放电率仅为总电容量的 5%～9%，大大缓解了传统的二次电池放置时由自放电所引起的电能损失问题。

（5）无记忆效应。

（6）环保性高。相对于传统的铅酸电池、镍镉电池甚至镍氢电池废弃可能造成的环境污染问题，锂离子电池中不包含汞、铅、镉等有害元素，是真正意义上的绿色电池。随着移动电子设备的迅速发展和能源需求的不断增大，人们对锂离子电池的需求也越来越大。锂离子电池的高容量、适中的电压、广泛的来源以及其循环寿命长、成本低、性能好、对环境无污染等特点，决定了它不仅可以应用于移动通信工具，还可能成为现在正迅速发展的电动汽车的动力电源。

2. 钠离子电池

第一代钠离子电池电芯单体能量密度可达 160Wh/kg；具备快充能力，常温下 15min 即可充满 80% 的电量。钠离子电池有着与锂离子电池相似的工作原理，主要通过钠离子在正负极之间的嵌入、脱出实现电荷转移。相较锂离子，钠离子体积较大，在材料结构稳定性和动力学性能方面要求更严苛。钠离子电池采用了克容量较高的普鲁士白作为正极材料，对材料体相结构进行电荷重排，解决了普鲁士白在循环过程中容量快速衰减这一核心难题；在负极材料方面，宁德时代新能源科技股份有限公司（以下简称"宁德时代"）开发了具有独特孔隙结构的硬碳材料，具有克容量高、易脱嵌、优循环的特性。在制造工艺方面，钠离子电池还可以与目前的锂离子电池制造工艺和设备相兼容。

钠离子电池的特点如图 4 - 4 所示。钠离子电池不仅充电速度快，在 $-20℃$ 低温的环境下也仍然可以有 90％以上的放电保持率，这得益于钠离子的电化学性能相对稳定，宁德时代第一代钠离子电池已经超越了国家动力电池强标的安全要求。第一代钠离子电池的能量密度略低于目前的磷酸铁锂电池，但在低温性能和快充方面，具有明显的优势，特别是在高寒地区高功率应用场景，为了弥补钠离子电池能量密度上的短板，将钠离子电池和锂离子电池同时集成到同一个电池系统里，并将两种电池按照一定比例和排列进行混搭。此举可实现取

图 4 - 4 钠离子电池

长补短，既弥补了钠离子电池在现阶段的能量密度短板，也发挥出了它高功率、低温性能的优势。2021 年 7 月 29 日，钠离子电池和锂离子电池混搭的电池包问世。

与锂离子电池相比，钠离子电池具有低成本等优势，钠离子电池成本较锂电池低 30％左右。具体优势如下。

（1）资源丰富。地球上七成的锂资源分布在南美洲，我国生产所需的八成锂资源都需要依赖进口，锂资源不仅分布不均，还是稀有金属，在地壳中仅有 0.0065％，而地球的钠资源非常丰富，在地壳中的含量为 2.8％，海水中的钠资源也非常丰富，分布很均匀。这就意味着我们国家生产钠离子电池可不需要依赖进口。

（2）成本低。钠离子资源丰富，钠化合物的获取成本低廉。而且钠离子电池所用的正负极集流体材料是铝箔，铝是世界上含量最多的金属，相比于锂电池使用的铜箔，成本进一步降低。不过宁德时代董事长曾毓群也提到，初期因为供应链规模的问题，现在钠离子电池的成本比锂电池稍高。

（3）安全稳定。钠离子电池在高温和低温测试下工作均很稳定，电池的容量没有发生什么变化。钠离子电池也不会短路爆炸。

然而，由于钠离子电池能量密度较低，这意味着它暂时失去了与三元锂在中高端电动车市场竞争的资格，不过在对电池密度要求一般的低端电动车和两轮车市场，目前钠离子电池有很好的发展前景。同时，钠元素的安全稳定性也可以用于大规模储能。

4.3.2 电池管理系统

在电力储能系统中，电池管理系统（Battery Management System，BMS）负责监控

各单体蓄电池的工作状态，通过通信方式上传电池相关信息和状态，防止电池的过充与过放。此外储能的 BMS 还需要与电网进行通信，控制谐波、频率等关键参数，并实现与储能变流器以及监控系统信息交互，储能变流器通过 CAN 接口与 BMS 通信获取电池组状态信息，可实现对电池的保护性充放电，确保电池运行安全；监控通信系统是电池、电池管理系统以及变流器之间的连接纽带，储能监控系统还负责 BMS 与配电网调度系统接口，接受调度指令，完成诸如蓄电池充放电控制、独立离网系统支持、削峰填谷以及新能源发电平滑输出等电网实际应用。

BMS 的原材料是 IC、线束、继电器与机壳。基本工作原理是 MCU 采集传感器提供的电流、电压、温度等电池工作参数，从而对电池的工作情况进行分析，估算其剩余电量，决定是否启动保护电路或进行均衡；电池工作状态可通过显示屏显示，也可以与上位机进行通信，从而实现远程监控。BMS 主要由主控单元、从控单元、信息采集单元、信息传输及显示单元等组成。在硬件设计过程中，为达成产品的高可靠性和安全性，在各功能区需要选择 PPTC、FUSE 等被动保护器件以保护电子电路在复杂电磁环境中的功能和安全。在锂离子电池系统中，BMS 需要对电池组进行数据监测和故障诊断，以便对电池进行动态管理，并将这些数据上传至控制器，便于进行控制策略的选取与实施，实现电能的高效利用，保持电池性能良好，同时起到延长电池循环使用寿命的作用。一般来说，BMS 要实现单体电池电压电流检测、电量计算、均衡管理等九大功能。

1. 电池管理系统架构

电池管理系统架构如图 4-5 所示。

以锂电池为例，BMS 系统分三级管理，分别为托盘 BMU（Tray BMS）、机架 MBMS（Rack BMS）、系统 BAMS（System BMS），每级 BMS 的主要功能如下。

（1）托盘 BMU。托盘 BMU 内置在模组内，用于监测单体电芯的电压、温度和单个托盘的总电压，并通过 CAN 协议向上级 BMS 实时传递以上信息，能够控制单体电芯的电压均衡性。

（2）机架 MBMS。机架 MBMS 内置在高压箱内，用于检测整组电池的总电压、总电流，并通过 CAN 协议向上级 BMS 实时传递以上信息。能够显示电池充放电时容量、健康状态，实现对功率的预测和内阻的计算；还可以控制继电开关和盘级单元电压的均衡性。

（3）系统 BAMS。系统 BAMS 用于收集下级 RBMS 信息，能够实时对电池剩余容量、健康状况进行预估。通过 RS-485 或 Modbus-TCP/IP 的方式与上位和外部系统进行通信。根据系统复杂程度，BMS 可集成到开关盒内或单独集成。

2. 电池管理系统功能

（1）模拟量测量功能。能实时测量电池簇电压，充放电电流、温度和单体电池端电压、温度等参数，并通过计算实时给出单体电池的剩余容量（SOC）及单体电池健康状态（SOH）。确保电池安全、可靠、稳定运行，保证电池使用寿命要求。

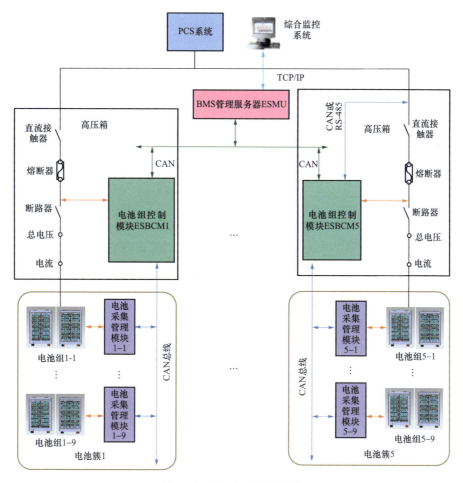

图 4-5 电池管理系统架构

（2）均衡。电池管理系统具备均衡功能，保证电池系统使用寿命及可用容量。

（3）电池系统运行报警功能。在电池系统运行出现过压、欠压、过流、高温、低温、通信异常、电池管理系统异常等状态时，能显示并上报告警信息，通知储能变流器及后台监控系统，以及时改变系统运行策略。

（4）电池系统保护功能。在电池系统运行时，如果电池的电压、电流、温度等模拟量出现超过安全保护门限的情况时，电池管理系统能够实现就地故障隔离，将问题电池簇退出运行，同时上报保护信息。

（5）自诊断功能。电池管理系统将具备自诊断功能，对电池管理系统与外界通信中断、电池管理系统内部通信异常、模拟量采集异常等故障进行自诊断，能根据实时测量蓄电池模块电压、充放电电流、温度和单体电池端电压、计算得到的电池内阻等参数，通过分析诊断模型，得出单体电池当前容量或剩余容量（SOC）的诊断，单体电池健康状态（SOH）的诊断、电池组状态评估，以及在放电时当前状态下可持续放电时间的估算，并能够上报到监测系统。

（6）热管理。锂电池模块在充电过程中，将产生大量的热能，使整个电池模块的温度上升，因而，电池管理系统具有热管理的功能，对电池的温度进行监控，如果温度高于保护值将开启温控设备强制冷却，若温度达到危险值，该电池组能自动退出运行。

（7）本地运行状态显示功能。电池管理系统能够在本地对电池系统的各项运行状态进行显示，如系统状态，模拟量信息，报警和保护信息等。

4.3.3 能量管理系统

1. 能量管理系统的架构

能量管理系统（Energy Management System，EMS）采用三层架构，分别为能量管理层、设备层（就地控制层）、能量监控层，通过交换机采集各底层设备的实时信息，并上传到监控及后台进行实时控制，实现系统的能量优化管理。

（1）能量管理层。主要完成微电网组成单元（包括开关、模拟线路、储能变流器、电池管理系统、小型气象站及负荷等）的电气量信息、状态信息、报警信息及保护动作信息采集，执行能量监控层下发的遥控、遥调指令。

（2）设备层（就地控制层）。实现规约的集中转换，实现与后台的信息快速交互。

（3）能量监控层。实现实时信息监测、历史信息存储与分析、系统运行模式控制、高级能量管理及报表统计等功能。

2. 能量管理系统总体功能

（1）数据采集和处理数据采集能通过现场测保一体化装置及分布式电源控制器采集有关信息，检测出事件、故障、状态、变位信号及模拟量正常、越限信息等，进行包括对数据合理性校验在内的各种预处理，实时更新数据库，其范围包括模拟量、开关量及环境参数等。

（2）采集的模拟量包括电流、电压、有功、无功、频率、功率因数等电量，采用交流采集方式，并实现如下功能。

1）定时采集。按扫描周期定时采集数据并进行相应转换、滤波、精度校验及数据库更新等。

2）越限报警。按设置的限值对模拟量进行死区判别和越限报警，其报警信息包括报警条文、参数值及报警时间等内容。

3）状态量（开关量）。包括断路器、隔离开关以及接地开关的位置信号、一次设备的告警信号、就地控制器的动作及告警信号、运行监视信号等。

（3）监控系统应能根据操作员输入的命令实现断路器控制、运行策略制定等正常操作和其他必要的操作。监控系统可提供必要的操作步骤和足够的监督功能，以确保操作的合法性、合理性、安全性和正确性。操作控制的执行结果会反馈到相关设备图上。其执行情况也应能产生正常（或异常）执行报告。为保证控制操作的安全可靠，整个系统应有权限管理等安全保护措施。在底层设备支持的情况下，可对各设备单元进行监控，具体如下。

1）对储能电池的实时运行信息（如单节电池电压、温度、SOC、电池组电压、电流等）及报警信息进行全面的监测，并对储能进行多方面的统计和分析。

2）对储能变流器实时运行信息（如当前运行模式、功率、功率因数、电流等）、保护动作信息及报警信息进行全面的监视，可实现双向变流器的遥控和遥调。

3）对微网内部的负荷进行监测、控制和统计，并为微网功率平衡控制等提供依据。在组建微网时，将所有的负荷进行分类，在运行时，可对这些负荷进行分类监控。

（4）在分布式单元及储能控制器支持的条件下，对微网系统中的发电单元、储能单元进行准确的计量，具体如下。

1）对分布式电源发电量进行计量，主要是有功功率。结合通过环境参数预测的结果，计算发电效率，节能减排量等数据。

2）对储能系统发电量进行双向计量，包括正向有功、反向有功等，用于对储能系统效率进行分析。

4.3.4 储能变流器

储能变流器（Power Conversion System，PCS）是连接于电池系统与电网之间的实现电能双向转换的装置，可控制电池的充电和放电过程，进行交直流的变换，在无电网情况下可以直接为交流负荷供电。

在多种能源组成的微网系统中，储能变流器是最核心的设备，因为光伏、风力等可再生能源具有波动性，而负荷也具有波动性，燃油发电机只能发出电能，不能吸收电能。如果系统中只有光伏、风力和燃油发电机，系统运行可能会不平衡，当可再生能源的功率大于负荷功率时，系统有可能会出现故障，而储能变流器可吸收能量，也可发出能量，且反应速度快，在系统中起到平衡作用。

储能变流器主要有并网和离网两种工作模式。

1. 并网模式

并网模式实现蓄电池组和电网之间的双向能量转换，具有并网逆变器的特性，如防孤岛、自动跟踪电网电压相位和频率，低电压穿越等。

并网模式下，根据电网调度或本地控制的要求，PCS在电网负荷低谷期，把电网的交流电能转换成直流电能，给蓄电池组充电，具有蓄电池充放电管理功能；在电网负荷高峰期，PCS又把蓄电池组的直流电逆变成交流电，回馈至公共电网中去；在电能质量不好时，PCS还可向电网馈送或吸收有功，提供无功补偿等。

2. 离网模式

离网模式又称孤网运行，PCS可以根据实际需要，在满足设定要求的情况下，与主电网脱开，给本地的部分负荷提供满足电网电能质量要求的交流电能。

4.3.5　储能系统中的安全要求

国内外均有个别储能电站出现着火、爆炸事故的案例，我们必须承认电池组是一种含高能物质的部件，具有危险性的本质。以下将详细介绍储能电站可能存在的安全隐患与部分应对措施。

1. 安全隐患

（1）火灾。电化学储能电站的火灾可以分为电气引发的火灾和储能系统中电池引发的火灾两类。在带电状态下，电气火灾和电池火灾都属于 E 类火灾，不适合用水或泡沫扑灭。

1）电气引发的火灾，如常规电站可能发生的变压器火灾、电缆火灾等。针对此类火灾，传统的火警系统及七氟丙烷灭火器可以有效扑灭。

2）储能系统中电池引发的火灾。此类火灾危害大且一旦火起就不可控，针对此类火灾以自动灭火方式为主，包括七氟丙烷自动灭火系统、气溶胶等。

（2）爆炸。

1）储能系统的蓄电池在充放电过程中长期运行电解水会产生微量的氢气，若室内通风不畅或排出管道堵塞，氢气在室内或局部的封闭空间聚集达到一定浓度，外部遇明火撞击、雷电、或静电放电火花、短路过充或过放等各种意外因素，可能造成爆炸事故。

2）储能系统箱式变压器装置若为带油设备，变压器装置内部故障时会引起电弧加温，有燃烧和爆炸的可能。

（3）其他系统异常。

1）电池系统测量温度、液面等数据的传输线受电磁干扰等影响可能产生测量误差，造成储能系统工作不正常。

2）电池管理系统故障，如模拟量测量功能失效、电池管理系统报警功能失效、电池管理系统保护功能失效、本地运行状态显示功能失效等，都有可能引发电池管理系统保护功能，若不能及时发现电池或系统故障，将引发更大的事故，导致电池组设备损坏等。

3）储能电站厂房内，应保证环境湿度不超过国家标准规范要求，防止电子设备因空气湿度过大发生故障，从而造成安全生产事故。

（4）人员伤害。人员伤害包括触电、中毒、窒息、灼烫伤及化学烧伤等。

1）触电。储能系统带有危险的直流和交流电压，即使在没接通电源或系统关闭时，部分部件可能仍然处在带电状态。在打开或接触系统时，若没有穿戴好相应护具，可能发生触电危险。电池模块放置的平台与基架之间的绝缘电阻较小，绝缘不良，可能发生漏电、触电事故。

2）中毒。若室内温度控制不良，使电解液发生溶质析出现象，会影响电池寿命，也会对人员健康造成威胁。全钒液流电池电解液发生溶析现象时，理论上可能析出五氧化二钒、三氧化二钒、硫的氧钒 3 种盐，其中析出晶体有剧毒，对呼吸系统和皮肤有损害作用，急性中毒可引起鼻咽、肺部刺激症状；接触者会出现眼烧灼感、流泪、咽痒、干咳、胸闷、全身不适、倦怠等症状，重者还会造成支气管炎或支气管肺炎；皮肤高浓度接触可致皮炎、伴剧烈瘙痒等。长期接触可引起慢性支气管炎、肾损害、视力障碍等慢性中毒。此外，还可能对周围水体造成污染。常用的锂离子电池常用的电解质六氟磷酸锂可能产生有剧毒和腐蚀性的氟化氢（HF）气体，对皮肤、眼睛、黏膜有强烈刺激作用，吸入后可引起呼吸道炎症、肺水肿。

3）窒息。储能装置室可能采用制氮机对室内产生氢气进行吹扫。吹扫系统主要危险有害因素体现在制氮机的使用和维护上。在制氮机运行及停止的过程中，会从设备外侧的气体排放口以及设备（包括计测室设备）内释放出氮气及高浓度的氧气。若没有开通排风扇进行换气，吸入了氮气以后可能会导致窒息，甚至会导致死亡，如果在氧气浓度非常高的气体氛围中使用烟火，则会发生爆炸性的火灾。制氮机运行过程中用到液态氢，若液态氮储罐、管道、阀门或安全阀等安全附件由于各种原因使用或保存不良，可能导致液氨储罐发生泄漏事故，并可能由此引发低温冻伤、中毒窒息事故。

4）灼烫伤及化学烧伤。在制氨机的空气压缩机、MS 吸附器、加热器的周围有高温的部分，用手接触可能发生烫伤。蓄电池的电解液具有酸性，对设备具有腐蚀性。若电池外壳、电解液输送管道、储液罐的材料工艺耐腐蚀性达不到要求、维护不善或因外力破坏，将导致设备腐蚀，致使电解液发生泄漏事故，严重时会发生电解液喷溅，若不能及时发现，酸雾挥发将导致整个厂房内腐蚀性气体扩散，腐蚀设备引发环境污染。此时若运行维护人员在正常检修或事故情况下未能穿戴防护设备，不慎将电解液沾到皮肤或眼睛等没有及时处理，可能导致严重烧伤。

2. 应对策略

（1）政策与标准完善。目前多个国家都有制定储能电池相关的安全标准，如澳大利亚包括户用在内的离网电池系统安装标准已经形成，澳大利亚标准协会今年 2 月起草的 AS/NZS 5139 安全标准，禁止锂离子电池储能系统安装在室内和车库内，并要求其安装在独立的建筑中。美国很多组织机构也为储能技术应用出台了相应的规范和标准，涵盖安装、认证、消防等。我国仍欠缺相关的国家标准和行业标准，有关储能的审批和标准体系还不够健全，急需设计储能安全准则和标准体系，并将相关事件报告纳入数据库进行管理和公示。同时，国家有关部门与项目涉及的企业应尽快针对此类项目的火灾危险性以及其他风险指标开展评估，通过实验取得真实数据，进而分析、论证有效的风险控制措施，制定相关标准，保障该项目得到有利发展。

（2）系统改进设计。

1）箱体设计应注意减少尖端器件、增大与壳体距离、螺栓端部加绝缘保护，减少电弧产生；并对箱体内接线方式进行改造，采用材质相同的导线或采用接线器连接；直流侧加装浪涌保护器或采取防过压过流措施。

2）在储能室安装空调及温度自动控制系统，用线上、线下相结合的方式实时监控系统的运行情况，全周期监测、极早期预警。

3）对电池管理系统逐级设计更为安全的保护措施，使其在下一级出现问题时能够保持工作状态，发挥管理功能，即及时断开故障区域，并将故障状态发送至上一级的中央控制器直至远程控制系统。同时，应增设火灾监控系统与中央控制器的通信线路，并设置相应的安全防护措施，在发生火灾时将该类数据信号及时报送中央控制器，在火灾征兆发生的萌芽阶段及时预警并介入消防措施，使总体状况安全可控。

（3）人员管理。应根据系统设计和运行过程中可能存在的风险，依据现有规范标准组织安全评估论证，制定相应的预防和处置预案，加强对消费者和设计安装人员的提示，并对设计和安装等相关从业人员进行培训和认证，严格地执行运维手册，特别是进行有针对性的消防培训，提高行业安全水平和事故处置能力。

（4）规避风险。安全性既然是一个事故概率问题，安全因素控制得好，发生危险事故的概率就降低，但无法保证完全避免。企业还可以购买安全保险，以规避这种意外事故带来的损失。

3. 总结

随着风电、光伏等新能源在能源结构中占比不断提升，以及动力锂电池成本的快速下降，电化学储能在峰谷电价套利、新能源并网以及电力系统辅助服务等领域的应用场景正不断被开发并推广开来。今年有望成为中国储能产业爆发的"元年"，以江苏河南为代表率先完成了储能示范工程建设，在迎峰度夏期间发挥了重要作用。储能是未来能源改革中重要的一环，将安全因素控制好，降低发生危险事故的概率，储能会拥有巨大的发展空间，为我们的社区提供巨大的收益。

4.4 储能车的应用

随着电池技术的不断突破，移动式储能系统的能量密度将进一步提升，成本也会大幅度下降，移动式储能系统的实际价值将不断体现，应用范围也会不断扩张，未来必定会成为推进能源生产和消费革命的重要载体，是能源互联网中极具发展前景的技术和产业。

4.4.1 储能车的介绍

储能车包含二类底盘和"货箱+储能"系统，是一个集大成于一体的储能设备，包括电芯、电芯串、电芯集、模组、电池包、电池柜、电池簇、转换器、通信模块、电池监控及管理系统、并网模块、空调系统、消防系统及电源分配系统等，广泛应用于各种储能系统、军事安防、应急基站、储能电站、海洋运输等，是全面发展新能源不可或缺的基础配置和典型应用。

4.4.2　储能车的各场景的应用

1. 储能车服务高考考场保电

2021 年 6 月 7 日 7 时 30 分，在江苏省南京市第一中学校园内，南京供电公司的十几名员工正忙着检查智能履带式储能车的车载电源等各类供电设备。这是智能履带式储能车作为备用电源第一次服务高考考场保电。

2. 可移动共享储能应急电源基地

2021 年 1 月，全国首个可移动共享储能应急电源基地在金华投运，该基地投运后，如遇台风、冰灾等重大灾害性事件时，可及时装车执行浙江省内乃至跨省的现场移动保电、应急抢修保电、电能质量调节、带电作业保电等任务。

3. 储能车参与不停电作业

2019 年 9 月，国内首台移动锂电储能电源车替代以往柴油发电车参与电网不停电作业，成功实现作业过程对负荷不间断供电，配网末端用户供电服务满意度得到有效提升。

零 碳 建 筑

零碳建筑一般是指在建筑的全生命周期中，建筑的综合碳排放为零的建筑。零碳建筑除了强调建筑被动式节能设计外，还将建筑能源需求转向太阳能、浅层地热能等可再生能源，为人类、建筑与环境和谐共生寻找最佳的解决方案。零碳建筑涉及的技术架构如图5-1所示。

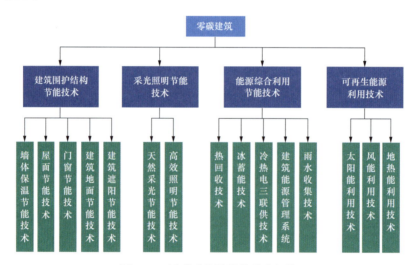

图5-1 零碳建筑涉及的技术架构

5.1 可再生能源利用

由于可再生能源清洁无污染，开发成本低，潜力巨大，全球正在积极开展可再生能源利用的相关研究。零碳建筑常用的可再生能源主要有太阳能、风能、地热能等。太阳能供应不稳定，受天气、地理位置影响较大，地热能受到地域限制，因而可再生能源具有互补特性。

5.1.1 太阳能利用技术

太阳能利用主要分为光伏和光热两个途径，前者利用光伏效应，是光—电转换，后者采用集热器吸收太阳能，然后利用吸收的热能将冷水加热，后续再进行利用，这里主要针对光伏技术进行介绍。

1. 太阳能光伏技术

太阳能光伏技术在零碳建筑中使用相对广泛，是一种重要的清洁电源，进一步降低化石能源消耗。光伏发电是根据光生伏特效应原理，利用太阳能电池将太阳能直接转换为电能。不论是独立使用还是并网发电，光伏发电系统主要由太阳能电池板、控制器、逆变器三大部件组成。光伏组件由光伏电池封装而成，根据光伏电池的种类，光伏组件又分为多晶光伏组件、单晶光伏组件、薄膜光伏组件等，目前在零碳建筑内使用发电效率更高的单晶光伏组件为主，也会有部分零碳建筑使用薄膜光伏组件兼顾美观和实用。

（1）晶硅组件与光伏建筑一体化。晶硅组件作为光伏市场的主流，近年来晶硅产业无论是规模还是技术都得到了飞速发展。由于我国光伏建筑一体化产业的快速发展，已经涌现出一些企业在积极研发"晶硅光伏＋建筑"领域的 BIPV 组件，研发出各种既美观又能实现多种色彩与质感的晶硅类 BIPV 光伏产品，不断拓宽晶硅组件在建筑上的应用场景。晶硅组件主要分为多晶硅和单晶硅两种。

1）优点。晶硅类 BIPV 组件主要是使用封装材料将多晶硅电池片或单晶硅电池片封装在两层或多层钢化玻璃中间，通过调整电池片的数量、排布、间距或采用穿孔硅电池片，达到特定的透光率，其中也包含一些使用彩色电池片的 BIPV 组件。晶硅类 BIPV 组件尺寸、模数及厚度可满足建筑多样化的需求，同时背板及太阳能电池片颜色可根据建筑要求进行选择。晶硅类 BIPV 组件单位装机功率高，单位功率可达 $160\sim220W/m^2$；转换效率可达 $16\%\sim22\%$，同样装机面积下发电量优于薄膜组件。

2）缺点。由于晶硅自身的技术原因，传统的晶硅组件色泽一致性差，组件之间会有明显的色差，电池片之间有明显的电路线，达不到零碳建筑美观要求。彩色的 BIPV 组件技术还不成熟，太阳能电池片可以在加工过程中，加特殊的化学药剂染色烧结而成彩色芯片，不但组件功率会降低 30% 左右，外观仍达不到建筑美观的需求。彩色晶硅 BIPV 组件通过盖板玻璃或 PVB 进行色彩调节，可研制出多种电子片间距、色彩、透光率的定制化BIPV 光伏组件。

（2）薄膜组件与光伏建筑一体化。薄膜太阳能组件是 1976 年出现的新型薄膜太阳能电池，它与单晶硅和多晶硅太阳能电池的制作方法完全不同，工艺过程大大简化，硅材料消耗很少，电耗更低，它的主要优点是在弱光条件也能发电。主要包含铜铟镓硒薄膜组件和碲化镉薄膜光伏组件等材料组件。

1）铜铟镓硒薄膜组件与光伏建筑一体化。铜铟镓硒（GIGS）薄膜光伏组件以铜铟镓硒半导体薄膜作为吸收层，由前盖板超白玻璃层、封装胶层、薄膜电池各功能层、衬底钠钙玻璃层及接线盒组成。其中薄膜电池各功能层总厚度仅 $3\mu m$ 左右。

a. 优点。与目前主流晶硅太阳能电池相比，铜铟镓硒薄膜太阳能电池具有全生命周期发电量更多、弱光性好、衰减率低、安全稳定性好、能源回收周期短的优点。铜铟镓硒薄膜光伏组件完全能够满足零碳建筑美学需求，色彩和质感丰富，被国际上称为"极具发展前景的薄膜太阳能电池"。尤其是彩色 CIGS 光伏组件可以适应各种建筑类型的需求。

b. 缺点。由于铜铟镓硒薄膜组件技术发展时间短，其单位面积功率及组件转化效率明显低于晶硅类组件，产线组件平均效率为 15％～16％。此外，CIGS 组件价格偏高，是晶硅组件价格的 3～5 倍，直接导致收益回收期过长，这制约了 CIGS 组件在零碳建筑中推广应用。

2）碲化镉薄膜光伏组件与光伏建筑一体化。碲化镉薄膜太阳能电池是一种以 P 型碲化镉和 N 型硫化镉（CdS）的异质结为基础的太阳能电池。碲化镉光吸收强，其禁带宽度与地面太阳光谱有很好的匹配，是一种良好的太阳能电池材料。

a. 优点。碲化镉薄膜光伏组件具有温度系数低、弱光效应好、稳定性高、热斑效应小等特点，组件色彩均匀、美观大方，整体感强，特别适合于对美观度要求较高的建筑上使用。

b. 缺点。碲化镉薄膜光伏组件单位面积功率及组件转化效率都比晶硅组件低，产线组件平均效率为 17％～18％。虽然碲化镉标准组件在价格上已接近于晶硅组件，但定制化的 BIPV 组件价格仍较高，是晶硅组件价格的 3～5 倍，这成为制约碲化镉组件在建筑中推广应用的不利因素。镉作为重金属具有毒性，碲化镉太阳能电池在生产和使用过程中有一定的危险性，而一旦排放，将对环境造成污染。这也制约了其在建筑上的应用。

2. 发展方向

随着太阳能光伏产品材料的多样化、工艺水平的提高以及对能源特征需求的转变，零碳建筑光伏技术将向建筑整合的方向发展，从光伏板作为建筑的外在设备向与建筑整合的光伏建筑一体化发展，如光电瓦屋顶、光电幕墙等。由于光伏方阵与建筑的结合不占用额外的空间，是光伏发电系统在城市中广泛应用的最佳安装方式。具体表现为 3 个方面。

（1）整合设计导向。光伏系统由单一的立面代替元素，拓展在室内通风采光控制、建筑完成效果等多方面深度介入，形成各内容整合的设计内容。

（2）构建复合导向。随着各产品工艺水平的提升及加工方法的丰富，光伏建筑一体化的设计与研究从原有的单一产品导向转为构件复合导向。光伏产品应当从能源构件的束缚中解放出来，形成光伏建筑一体化发展，并针对使用需求进行优化。

（3）项目性能导向。光伏材料的转化效率长期以来被认为是制约光伏建筑一体化推广的因素之一，更高的能源转化效率被认为是未来产品的主要契机。随着零碳建筑技术的推广与普及，光伏建筑应从光伏产品效率导向转向为项目性能导向。

5.1.2　风能利用技术

风能作为现阶段研究技术最成熟、利用最广泛的一种新型能源，拥有着巨大的利用前景，必将在转型阶段扮演重要角色。许多国家都已经把风力发电看作最大的能源补充途径之一。在风力发电的先驱国家丹麦，风电产业也成为经济中极富竞争力的一个产业。早在2010年，我国风电装机总量就已经占到了全球总量的22.7%，居世界首位；而根据现有情况推测，到21世纪30年代初，我国风力发电机组装机容量甚至可能到达300GW，风力发电在我国具有巨大的发展潜力。

由于历史和自然环境的原因，人口密集的城市往往距大规模发电场比较远，能源远距离传输的损耗成为另一个急需解决的技术问题。近年来，分布式供能在城市中得到了探索应用。分布式供能技术一般是指现场型、靠近负荷源、在电力公司电网外独立进行电力生产的小型供能技术，与城市风能的自身特点十分契合。分布式供能具有靠近用户、梯级利用、能源利用率高等优点。城市风能虽然集中程度不高，但是分布极为广泛，非常适用于分布式供能。目前相关技术在国外已经有了许多值得借鉴的经验，国内也有了初步的发展。不难想象，如果将城市风能与分布式供能进行有效的结合，不但能够大大提高对分散能源的利用效率，降低输配电成本，还能减弱城市中的风灾害，变废为宝，一举多得。

1. 城市风环境概述

城市高楼林立，空气在流动过程中难免要与建筑物发生相互作用，从而在市区形成了独特的建筑风场分布。由于地面粗糙度的提升和空间环境的复杂化，城市风能风速较低且紊乱程度较高，表面上看可用性不高。然而，研究表明，高层建筑前的涡流区和绕大楼两侧的角流区风速都要比平地风速大30%左右；如果两座建筑距离太近，风受到楼与楼之间狭窄通道的挤压会产生"夹道效应"，也能够产生更大的强风。由此可见，城市部分区域风能有一定的利用价值。

2. 风电建筑一体化

风电建筑一体化包括风场、建筑结构和风力发电系统3大要素。只有这三者协同工作，才能保证建筑环境风能的有效利用。对城市风环境的研究只是第一个步骤，风力机类型的选择必须与建筑美学和空气动力学相结合。综合国内外的研究状况，建筑风能的利用有建筑顶部风能利用、建筑间或建筑群巷道风能利用、建筑风道风能利用，以及旋转建筑风能利用4种形式。根据实际情况找到合适的位置来安装风力机，是高效利用城市风能的关键所在。

对于已有建筑，可以根据合适的利用形式直接寻找风场内的适宜位置，或者增加一些辅助措施来改进风能利用的情况，如架空层的合理设置对增大屋顶风速有显著效果。对于规划设计中的建筑，则可以对建筑和风力机进行风电建筑一体化设计。一体化设计从一开始就要在建筑平面设计、剖面设计、结构选择以及建筑材料的使用方面融入新能源利用技术的理念，进一步确定建筑能量的获取方式和建筑能量流线的概念，再结合经济、造价以及其他生态因素的分析，最终得到一个综合多个生态因素的最优化建筑设计。

针对城市建筑，国内外学者提出了多种能加强风能利用效率的建筑模型，其中扩散体型、平板型、非流线体型这 3 种基本模型具有很好的代表性，分别对应建筑间的风道、孔洞和顶部的风能利用。国内也有学者开展了有关方面的研究，苑安民等对高层建筑群的"风能增大效应"及相关的计算方法的介绍，为提高风能利用效率的建筑设计和改造提供了有益的借鉴。由此可见，只有结合建筑特点对风力机和建筑进行恰当的风电一体化设计，才能在不影响建筑自身情况下保障风能的高效利用。

在国内外，对建筑进行风电建筑一体化设计已有许多良好的范例：上海中心作为中国首座同时获得"绿色三星"设计标识认证与美国绿色建筑委员会颁发的 LEED 白金级认证的超高层建筑，在屋顶的外幕墙上，就有与大厦顶端外幕墙整合在一起的 270 台 500W 的风力发电机，每年可以产生 1189MW·h 的绿色电力；龙卷风造型般的迪拜旋转大厦每层旋转楼板之间都安装了风力涡轮机，一座 80 层的大楼将拥有 79 台风力涡轮机，这让大楼成为一座绿色的发电厂，由于大厦每个楼层可随风独立转动，建筑外观时刻变化，丰富了高层建筑的表现力。除了大型建筑上的风力机，还有诸如旋转公寓等新概念的建筑出现，风力发电与建筑的一体化进程前景十分广阔。

3. 垂直轴风力机在建筑中的应用

风力发电机按照其叶片旋转轴与吹入风力机风向的角度可以分为水平轴风力机和垂直轴风力机。城市复杂的建筑环境使得风场不可能像空旷平坦地区一样集中，垂直轴风力发电机在测风向时不需要安装偏航装置，且拥有良好的空气动力学性能，结构简单、造价便宜，具有很好的可开发实用价值和应用前景。各方面综合而言，垂直轴风力机更适宜在城市环境中的建筑应用，在风电建筑一体化进程中，垂直轴风机的应用总体趋势上也越来越多。

按照风力机叶片的工作原理，垂直轴风力机可分为阻力型风力机和升力型风力机两个主要类型。

（1）阻力型风力机。利用空气动力的阻力做功，典型的结构是 S 型风轮，其优点是起动转矩较大，缺点是转速低，风能利用系数也低于高速型的其他垂直轴风力机。

（2）升力型风力机。利用翼型的升力做功，以 H 型和 Φ 型风轮为典型。H 型风轮结构简单，且具有无噪声的特点，接点处弯曲应力较大，支撑产生的气动阻力还会降低发电效率；Φ 型风轮采用的弯叶片所承受的张力比弯曲应力要强，所以对于相同的总强度，Φ型叶片比较轻，且相比直叶片，可以以更高的速度运行，升力型风力机的风能利用率明显高于阻力型风力机，且不会产生侧向推力。

4. 零碳建筑风能利用前景展望

根据 2010 年 10 月 GWEC 和绿色和平国际组织预测，风力发电将在未来 20 年内成为世界的主力电源，可供应全世界 22% 的电力需求。同时，据资料统计，我国可加以利用的低空（即 10m 以内）风能资源相当丰富，如果风力资源开发率达到 60%，仅风能发电一项就可支撑我国目前的全部电力需求。目前，我国小型风力发电机技术已逐渐成熟，风电开发增速不断加快。在未来的风能利用上，零碳建筑就是较适合应用小型风电场的场景，可结合当地的实际条件，因地制宜地促进风电行业发展。

5.1.3 地热能利用技术

我国地热资源相当丰富，应用潜力巨大，因此，大力发展地热能能够缓解能源供应紧张局面，很大程度上解决因大量使用化石能源所造成严重的空气污染问题。在我国，应根据资源分布特点制定地热发展规划，在资源品质较好的地区发展地热发电，在有条件的地区发展各种地热直接利用技术，采用综合梯级利用提高资源利用效率。今后开发利用地热能，政府应加大对地热能利用的政策支持，鼓励企业加大资金投入；同时开发商应做好规划和布局，优选技术路线，使得地热能的利用由无序变有序，朝着更加科学合理的方向发展。

1. 建筑地热利用现状与发展

地源热泵在地热直接利用领域中应用最为广泛。地源热泵技术问世于1912年的瑞士，1948年这项技术才引起人们的关注。目前，地源热泵已在北美、欧洲等地广泛应用，技术也日趋成熟。美国正在实现每年安装40万台地源热泵的目标，在瑞士、奥地利、丹麦等欧洲国家，地源热泵在家用的供暖设备中已占有相当大比例。世界各国对地热供暖都非常重视，如冰岛、匈牙利、法国、美国、新西兰、日本等地都采用地热供暖。

地源热泵展现出有力的竞争趋势。地热供暖、地源热泵、地热干燥及洗浴等技术已经成熟，并且我国地热直接利用年产能长期位居世界第1位，这主要得益于我国地源热泵的推广。由于地源热泵自身的节能环保特性，建筑业主和开发商开始逐渐接受这项新技术，目前在华北、东北地区，地源热泵工程已非常普及，并且工程大小也由过去单个建筑向小区规模过渡。有了北方地区成功的经验，地源热泵工程迅速南移，目前在长江流域地区，地源热泵已展现出强有力的竞争势头，正逐渐成为解决该地区夏热冬冷问题的重要节能途径。

目前，我国的地热资源梯级利用主要体现在供热和供冷两个方面。冬季，超过50℃的地热水采用梯级利用的方式进行供暖，取得了良好的供暖效果和环境效益。夏季热泵机组通过阀门切换作为冷机使用，系统成为常见的风机盘管＋新风系统。然而这些所谓的梯级利用都过于简单化，利用过后仍有大量的能量浪费掉了，可以通过综合利用使资源利用率更高，北方地区可以优先考虑地热采暖、地热洗浴、地热种植等技术，南方地区可以优先考虑地热制冷、地热干燥、地热洗浴、地热种植等技术，优化地热资源的梯级利用。因此，地热资源的综合利用也是一种发展趋势。地热综合梯级利用流程如图5-2所示。

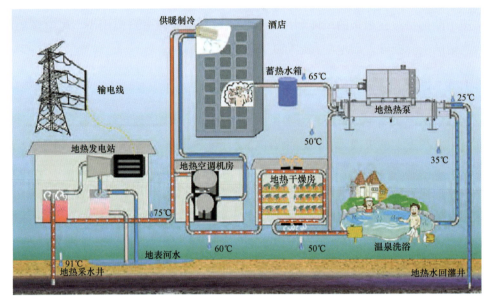

图 5-2　地热综合梯级利用流程

2. 地热能发展路线

针对我国地热的现实情况，地热能发展规划可从中低温地热发电技术、地源热泵系统、高温热泵系统、地热溴化锂制冷技术及地热防腐防垢技术 5 个方面考虑，图 5-3 所示为地热发展的技术路线。

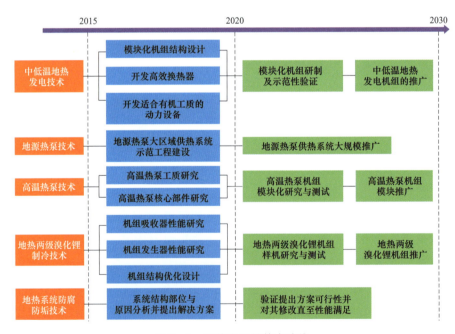

图 5-3　地热发展的技术路线

5.2 建 筑 节 能 系 统

建筑节能系统包含建筑围护结构节能技术、暖通空调节能技术、采光照明节能技术、能源综合利用技术等。

5.2.1 建筑围护结构节能技术

1. 墙体保温节能技术

采暖、制冷过程中，墙体结构的传热损失约占围护结构总散热损失的60%～70%。故墙体结构节能是围护结构节能的主要方面。近年来，墙体节能技术体系发展迅速，常见的零碳建筑墙体保温主要的形式有外墙内保温、外墙外保温、外墙夹心保温、自保温墙体及结构保温一体化等。

（1）外墙外保温。外墙外保温系统是由保温层、保护层和固定层（胶黏剂、锚固件等）构成，且系统固定在外墙外表面上形成建筑物实体；外墙保温技术是将具备保温、隔热等效果的节能施工材料，运用专业施工技术安装到建筑外墙墙体上，成为建筑结构的室内外间隔屏障，满足建筑工程使用需要的保温、隔热、防水、防潮等效果。目前，对于外墙外保温系统已形成了相对较为健全、系统的规范标准体系。现阶段广泛应用的外墙外保温系统主要是薄抹灰外墙保温系统，其中EPS板薄抹灰外墙外保温体系起源最早、最为成熟，在工程应用中在胶黏剂和抹面胶浆中掺加聚合物，提高其强度和弹性；并在抹面胶浆中覆以耐碱玻璃纤维网格布，以加强外侧抹灰层的抗裂性能，再覆以涂料作为表面的装饰层，这样的复合构造是现阶段外墙外保温节能技术体系发展的主要特征。对于未来社区有需要大量装饰效果的非透明幕墙建筑而言，幕墙保温构造也成为外墙外保温构造的一种主要方式。

（2）外墙内保温。外墙内保温技术具有多年工程应用经验的技术体系，外墙内保温消除了高层建筑保温脱落的风险，施工简单，不受外界天气环境限制，造价较低，且对饰面及保温材料的耐候性、防水性要求不高。该技术成为了早期北方采暖地区主要的外墙保温技术形式。外墙内保温功能相对单一，虽能符合保温的需求，但保温效果较差，还会占用较多的内部空间，且一段时间的工程应用实践表明，外墙内保温技术在北方严寒和寒冷地区容易出现冷凝结露、内墙发霉等问题，生产和施工质量难以有效控制，热桥处理也很容易出现问题，因此，从当前实际情况分析，未来社区不建议考虑应用内保温技术。

（3）夹心保温。夹心保温技术，即对外围护墙采用分层处理的措施，形成"墙体—保温材料—墙体"的体系，达到保温节能目的。我国在建筑保温材料发展的前期，曾经大力推广过夹心保温技术。建筑界曾试图用工业化的方式解决建筑的保温和节能问题，然而由于生产方式复杂，不能有效地解决建筑中存在的"冷桥"问题，夹心保温技术逐渐被墙体外保温技术所取代。

（4）自保温墙体。墙体自保温技术是指使用的墙体围护结构材料本身具有一定的保温隔热性能，由此构成的墙体能够满足节能50％或者65％的要求，是一种既具保温性能又可以作为主墙体的建筑材料砌筑成单一的保温墙体。自保温墙体包括填充墙砌体自保温、结构自保温、预制墙板自保温3种。

1）填充墙砌体自保温。填充墙砌体自保温的主体材料主要是各类建筑砌块（砖），包括烧结类、蒸养类、蒸压类、复合类等多种。涉及蒸压加气自保温系统、陶粒增强泡沫混凝土砌块自保温系统、陶粒混凝土小型空心砌块自保温系统、烧结自保温砌块系统、自保温复合砌块系统、加气混凝土板自保温系统等产品。当前，国家及各省市均在大力推广应用填充墙砌体自保温形式。这是一种替代外墙外保温较为理想的节能材料，但高层建筑中若有剪力墙结构或"框架—剪力墙"结构，则仍需对热桥进行保温（后贴），增加了工作量，而且热桥与填充墙连接部位存在开裂风险。

2）结构自保温。结构自保温是指利用具有保温、隔热、轻质、高强、高耐久、耐火等特点的轻骨料混凝土替代普通混凝土作为结构主体材料，可实现结构和保温功能的一体化，与建筑同寿命，无需后期维护或更换保温材料，安全系数高。随着普通砂石价格的持续走高以及工业固废利用的大力推广，轻骨料混凝土结构自保温与普通混凝土建筑保温（附加）相比，增量成本将逐渐持平，且从全寿命周期考虑，相对传统保温体系，结构自保温可降低综合成本，较为适合在未来社区内高层住宅使用。

3）预制墙板自保温。预制保温外墙板主要应用于装配式建筑或装配式建造项目中，常用的有预制混凝土夹芯保温外墙板、装配式复合保温墙板、模块化蒸压加气混凝土轻钢复合保温墙体、金属面夹芯墙板、钢丝网架水泥聚苯乙烯夹芯板等。

（5）结构保温一体化。结构保温一体化是指保温材料与主体围护结构墙体在混凝土浇筑时融为一体，墙体结构与保温材料形成复合保温墙体，实现建筑围护结构节能目标。可应用于框架—剪力墙、剪力墙以及外墙全现浇结构中。结构保温一体化由传统外保温技术要求的材料防火、现场施工、过程管控转变为结构防火、产业化、一站式管理，同时克服了热桥保温问题以及保温与结构主体无法同寿命的问题。当前，各省市建筑节能保温形式愈加丰富，呈现出技术、产品"百花齐放、百家争鸣"的好现象。针对未来社区内不同的建筑类型、结构形式及用户需求，可以选用合适的保温形式。

1）在框架结构中，优先采用"填充墙砌体自保温＋热桥内保温（后贴）""填充墙砌体自保温＋热桥结构保温"一体化构造做法，消除填充墙与热桥保温层之间的抹平问题，消除热桥外保温的潜在风险。

2）在框架—剪力墙、剪力墙以及全现浇体系中，优先采用填充墙砌体自保温＋结构保温一体化、结构保温一体化免拆模板类、结构保温一体化内置现浇类。

3）在装配式建筑（或装配式建筑形式）中，外墙保温优先采用装配式自保温体系、装配式自保温轻质复合体系、高精度模板外墙全现浇结构保温一体化。

2. 屋面节能技术

零碳建筑屋面是建筑的外围结构，对于室内外温差传递有着重要的影响。我国大部分区域都属于湿热性气候，不仅气温变化幅度非常的大，干湿交替也更加的频繁。夏季的日照时间较长，太阳辐射的强度非常大。提升建筑屋面的保温隔热性能，有利于抵抗夏季/冬季炎热/寒冷天气，减少能量的散失，降低能源消耗。故应提升未来社区零碳建筑工程屋面保湿隔热的性能，积极响应节能减排的号召。

（1）采用节能材料。屋面施工中，应使用具有良好导热性且不吸水的保温材料，较常用的有加气混凝土砖块、水泥聚苯板、轻骨料混凝土等。

（2）倒置式屋面。倒置式屋面是与传统屋面相对而言的。所谓倒置式屋面，就是将传统屋面构造中的保温层与防水层颠倒，把保温层放在防水层的上面。倒置式屋面的保温材料特别强调"憎水性"，屋面几乎不老化，无返修问题，而传统防水层暴露于最上层，加速老化，缩短了防水层的使用寿命，防水层一旦破裂，绝热层可能也会老化分解。倒置式屋面施工方便、轻质好搬、屋顶负荷极小、屋顶可再利用种植绿化，故可成为低碳建筑屋面的首选。

（3）屋面绿化。零碳建筑实行屋面绿化，在屋顶种植大面积绿植，能防止阳光对屋面直接照射，减少通过屋面进入到室内的热量和室内热量的散失，起到减少空调设备及取暖设备实际使用的作用，可以大幅度降低建筑能耗、减少碳排放。另外，未来社区建筑全部铺设屋面绿化可使社区中的灰尘降低 40% 左右；可吸收诸如 SO_2、HF、Cl_2、NH_3 等有害气体；对噪声有吸附作用，最大建造量可达 10dB；绿色植物可杀灭空气中散布着的各种细菌，使空气新鲜清洁，增进人体健康。该技术与倒置式屋面结合，是未来社区零碳建筑的不二选择。

3. 门窗节能技术

门窗是建筑围护结构的重要组成部分，是建筑物内外进行能量交换的主要通道，也是房屋室内与室外能量阻隔最薄弱的环节。我国不同气候区域气候条件差异较大，对门窗性能要求也不同，《被动式超低能耗绿色建筑技术导则（居住建筑）》中规定如下。

其他性能要求：气密性等级不应低于 8 级，水密性不应低于 6 级，抗风性能不应低于 9 级，隔声性能应满足《民用建筑隔声设计规范》（GB 50118—2010）的要求。住宅建筑一般外窗底限标准要求空气隔声量不小于 25dB。

在对零碳建筑门窗结构进行设计的过程中，积极对门窗节能技术进行优化和使用也是非常重要的。在这个过程中，首先要对门窗结构设计所使用的材料进行合理的选择。为了更好地降低能源消耗，门窗应选择热阻性大、能耗较低的节能环保材料。整个窗户玻璃可以选择双层隔热、遮光具有一定反射性的玻璃材质，也便于对门窗的安装性能进行检查。除此之外，也可以通过门窗的垂直度、门窗的结构完整度等指标，有效地对空气的渗透性、抗风压性进行优化，对门窗节能技术施工的有效性进行检测。在对门窗进行安装的过程中，不仅要对整体的密封条进行科学而合理的设计，也要注重对门窗密封处理规则的进一步强化。

4. 建筑玻璃贴膜节能技术

窗户是建筑围护结构中的轻质、薄壁、透明构件，受外部太阳光辐射和热传导影响的采暖、空调、照明能耗往往占到整个建筑能耗的50%左右。窗户玻璃节能措施之一就是外窗玻璃贴膜，建筑玻璃贴膜的功能主要体现在隔热节能方面。与窗帘和百叶窗只阻挡光线不隔热不同，玻璃贴膜的金属喷射层可反射和吸收高达80%的红外线。在冬天，贴膜可将20%~30%的热能反射回屋内，通过减少玻璃所引起的热损失而发挥保温功能，特别适用于南向、西向、东向玻璃面积大的房子。建筑窗户贴膜后，在以下4个方面可以获得提升。

（1）良好的采光和防眩光。膜不仅能够具有很好地透过可见光的性能，而且可以阻隔75%以上刺目眩光，使室内光线变得柔和、舒适。

（2）防紫外线。窗玻璃贴膜可阻隔90%以上（防晒指数100）的有害紫外线，远远高于其他玻璃制品，可大大延长家具等的使用寿命。

（3）提升玻璃的安全性能。如果发生玻璃自爆坠落事件还是有非常大的危害性的。贴膜后，玻璃破碎不会造成碎片掉落等二次伤害。

（4）提高建筑私密性。隔热膜具有单向透视的功能，膜粘贴在窗玻璃内侧，可使住户隐私免受外界窥视。

5. 建筑地面节能技术

对于零碳建筑保温而言，对地面进行保温设计及施工是有效改善该住户建筑保温能效的技术措施，地面的保温层设施可同时作为楼上下两户的保温层设置。由于空气受热上升的原理，对于有暖气的房间，屋顶面的温度较高，是重要的散热位置，如果不设地面保温，下层房间的热量大量向上层楼供应，会降低该房间的使用能效。增加地面保温之后，可有效地降低楼板部位的热量传递，从而起到降低能耗、节约能源的作用。

较为传统的建筑工程中，地面绝热主要是使用聚苯乙烯颗粒、复合硅酸盐板等材料进行相应施工来达到最终目的，材料也会受到一些影响，如外部影响及地面开裂都会对材料有一定的影响，并且影响建筑工程的保温效果，但这是不可避免的现象。比较传统的表面材料能利用泡沫玻璃代替，新型的地面保温材料则用碎玻璃作为原料，混合一定的膨胀剂和改进剂形成建筑材料的低密度、高强度和吸水的地面绝热。在地面施工中使用这种泡沫不仅能有效提高施工作业的保温性，而且能有效解决吸水膨胀、保温不良等问题，能有效降低各种施工资源的消耗。

5.2.2 采光照明节能技术

建筑的采光通常分为自然采光与照明采光两种，人工照明虽然可以随时提供较为良好的光源，但我国尚处在从火力发电为主向可再生能源发电为主的转变阶段，人工照明耗费了巨量的资源，也易产生光污染。

1. 天然采光节能技术

在建筑采光中，自然光是最合理的光源。自然光总量大，采光方便，采光设备简单。对人体而言，自然光光色好、光照均匀，对维持人体健康有很大帮助。更重要的是，对自然光加以合理利用，能有效节约资源，减少污染，符合我国可持续发展的建设理念。天然采光不仅可以显著提升零碳建筑的光环境，同时对其照明节能甚至零碳建筑节能具有至关重要的影响。建筑设计时应考虑以下方面。

（1）建筑朝向、位置的选择。我国位于北半球，零碳建筑最佳朝向为背北朝南，采光时间较长，照射的高度也更高。在寒冷的冬季，可以充分利用太阳辐射的能量；在炎热的夏季，可以减少室内光线，避免阳光直射。科学合理的建筑朝向能使建筑很好地适应地区环境的光热特点，减少能源的损耗。

（2）零碳建筑的形体。以嘉兴地区为例，处于南方地区的零碳建筑，为进一步考虑夏季的排热，较适宜采用长宽比例较小的建筑样式。选择的同时要结合对光照的需求考虑，平衡采光与结构设计。

（3）被动式采光。对建筑的天窗、直立窗、百叶窗、玻璃材质隔断及光反射板等，或对建筑内部空间表面采光进行设计，使零碳建筑所能获得的自然光得到进一步利用。

2. 智能 LED 照明节能技术

LED 照明技术充分发挥 LED 灯环保、节能、寿命长、体积小等特点，科学合理地运用智能 LED 照明技术，能有效改善并解决智慧城市运行期间的照明问题，达到科学照明、智慧照明及能源节约的效果，显著提升城市管理水平，确保人们可在城市环境中和谐、健康及安全地生活。

智能 LED 照明运用于室内照明有着多种控制模式，如场景控制、恒照度控制、定时控制、应急控制、遥控、声音控制、触控控制、红外感应控制、图示化监控等。基于可持续发展原则的建筑物照明环境既节省了耗电量，同时又有助于系统日后的维护和升级。

智能照明系统技术特点如下。

（1）传统控制采用手动开关，而智能照明控制通常是采用低压二次小信号控制，与传统控制相比，智能照明节能控制系统具有强大的控制功能、多种不同的方式、广阔的范围、高度的自动化及先进的记忆功能，通过对实现场景预设置后，系统便可以产生记忆，在操作时只需轻触控制面板上相应的按钮，即可启动相应场景的灯光模式，返回键即可将各照明回路切回初始的自动变换的状态。

（2）智能照明节能控制系统中的调光功能，可以随着人们生活场景的变化智能调节光源的光通量大小及色温范围，为人们提供更加灵活的光环境。

（3）智能照明节能控制系统可实现能源管理自动化，减少浪费。现阶段，大部分人的节能环保意识比较差，人为造成的电能大量浪费的现象依然普遍存在，一些人没有养成随手关灯的好习惯，房间没人的时候灯依旧长亮，而智能照明节能控制系统可以利用分布式网络的手段，通过一台计算机控制一栋楼的电源，如此一来该系统既能分散控制又能集中管理的优点被充分发挥出来。

5.2.3 能源综合利用技术

日常生活中的能源消耗很大一部分是在建筑内进行的能源消耗。零碳建筑能源综合利用技术通过热回收技术、冰蓄冷技术、冷热电三联供技术、雨水收集再利用技术等技术的高效协同运行，并由建筑能源管理系统将建筑物内的变配电、暖通、给排水以及上述能源综合利用技术等资源的使用状况实行集中监视、管理和分散控制，并可对零碳建筑能耗在线监测和动态分析，发现问题不断改进，从而实现提升能源利用率，降低能源消耗量的目标。

1. 热回收技术

作为空调中的核心技术，热回收技术不仅能够有效减少对能源的浪费，还能有效提高对能源的利用率。随着现在节能环保理念的提出，人们的节能环保意识不断提高，对于热回收技术的重要性有了足够的重视，并且对热回收技术提出了更高的要求。热回收技术可减少对能源的浪费，提高对能源的利用率，对于改善建筑环境与设备工程中所消耗的能源有着极其重要的现实意义。利用热交换器回收排风中的能量，被认为是减少空调新风负荷、降低空调系统能耗的一种有效手段。

（1）排风热回收。新风能耗在空调通风系统中占了较大的比例，以办公建筑为例，新风能耗大约可占空调总能耗的 $17\%\sim23\%$。建筑中有新风进入，必有等量的室内空气排出。这些排风相对于新风来说，含有热量或冷量。这样，有可能从排风中回收热量或冷量，以减少新风的能耗。排风热回收装置利用空气—空气热交换器来回收排风中的冷（热）能，对新风进行预处理。

（2）内区热量回收。建筑内区无外墙和内窗，四季无围护结构，但内区中有人员、灯光、发热设备等，因此全年均有余热（或冷负荷）。回收内区热量的方案之一是采用水环热泵空调系统，该系统可以将内区的热量转移到周边区中，内区热量还可以利用双管束冷凝器的冷水机组进行回收。

2. 冰蓄冷技术

冰蓄冷技术是通过将水制成冰的方式，利用冰的相变潜热进行冷量的储存。冰蓄冷空调在夜间低电价时段采用制冷机组制冷，将水冻结成冰以蓄存冷量；在白天的高电价时段停开制冷机组，直接将冰槽内的冷能释放出来，满足空调需要。

冰蓄冷技术使得冷水机组可以在低谷用电时间内进行制冰工作，在空调使用的高峰期内，可以通过冰块的融化吸热降温，减少机组容量，实现总用电负荷降低。同时，因容量降低，零碳建筑的冷水机组的容量也能得到有效地减少，可以降低一次性投资费用。

我国正在鼓励提倡冰蓄冷中央空调的使用，近些年，冰蓄冷技术在建筑中的应用明显增加，在零碳建筑也将有较为广阔的发展空间。

3. 冷热电三联供技术

天然气作为一种清洁能源，但若直接用于传统的燃烧则会造成严重浪费，零碳建筑把冷热电三联供模式作为能源利用技术的一种，可以提高能源利用率。三联供作为一种分布式能源利用形式，是一种能源节约型、环保型和新型的能源利用模式，可以同时增加电力供应。冷热电三联供是指以天然气为主要燃料，带动燃气轮机类等设备运行，产生电力的同时，系统余热可通过余热回收设备向用户供热、供冷，同时也相对减少大气污染。

三联供技术应用于零碳建筑的主要优点如下。

（1）能源梯级利用，冷热电三联供系统燃料燃烧后的烟气余热再次深度利用，即高温烟气中热能先变为电能，然后烟气中的热再用于零碳建筑供热或制冷，降低了建筑供冷、供热负荷。冷热电三联供系统的效率可高达 90％左右，能量利用率显著提升。

（2）环境性系统，冷热电三联供系统与传统火力发电而言，在环保方面有显著优点，天然气是清洁燃料，燃烧后的产物以水和二氧化碳为主，减少了氮氧化物、粉尘等的排放。系统输出电能可用于零碳建筑用电，可替代大部分火力供电，间接导致对外界环境污染物排放的降低。

（3）为未来社区负荷削峰填谷。冷热电三联供系统可根据实际需求改变运行模式，系统输出的电能可直接供建筑自身用电，或并入电网。冷热电三联供系统的应用可缓解未来社区（大）电网负荷，起到削峰填谷的作用，减轻城市电力需求。同时冷热电三联供系统还可以兼做零碳建筑的应急或备用电源。

4. 雨水收集技术

由于城市地面的硬化使得渗水量大大减少，大部分雨水通过城市的地下排水管网流进河道，使得地下水无法得到及时的补充，雨水也被白白地浪费。雨水收集是解决这一问题的有效方法，雨水的收集及利用给我们的日常生活带来直接的效果，我们不但可以将收集的雨水用于零碳建筑日常生活，而且还可以减少城市街道的雨水径流量，进而降低城市排水的压力。

雨水的后处理类似于一般水的处理，不同点在于收集雨水的水质比较好，根据大量试验研究表明，雨水的 pH 平均值在 5.6 左右，其值较低。初期降雨中的泥沙或污染物等是其最关键的问题。树叶等一般的污染物可以通过筛网将其筛除，泥沙则可以通过过滤、沉淀等工艺进行处理。雨水的处理能力可以根据经济和建筑的条件进行适当的调整。建筑雨水处理方法和设备取决于：①建筑区域集水方式；②雨水的用途和需要达到的处理目标；③建筑区域雨水流量和收集面积；④建筑区域建设计划和相关条件；⑤建筑区域的经济能力和日常的管理维护条件。

雨水的自动净水处理采用全自动净水器，集混合、反应、絮凝、沉淀、过滤、排泥、集水、配水于一体，达到自动运行的功能，由原水输送泵将雨水输送到全自动净水器内，在水进设备前投加混凝剂，经混合进入全自动净水器内的高浓度聚凝区，由折板絮凝反应，絮凝吸附后，产生大量矾花，由斜板沉淀区沉淀，污泥沉淀至底部，定期自动排出，上清液进入过滤区，由过滤区内石英砂、无烟煤过滤达标排出至清水池消毒待用。雨水自动净水处理过程如图 5-4 所示。

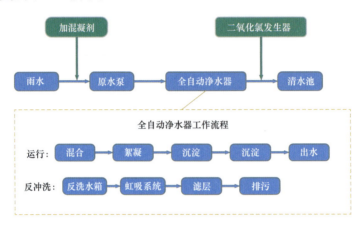

图 5-4　雨水自动净水处理过程

5. 建筑能源管理系统

建筑能源管理系统就是将建筑物或者建筑群内的变配电、照明、电梯、空调、供热、给排水等能源使用状况实行集中监视、管理和分散控制的管理与控制系统，是实现零碳建筑能耗在线监测和动态分析功能的硬件系统和软件系统的统称。建筑能源管理系统由各计量装置、数据采集器和能耗数据管理软件系统组成。其最终目的是降低能源消耗，节省费用。

（1）建筑能源管理系统必要性。在我国目前的能耗结构中，建筑所造成的能源消耗已占我国总的商品能耗的 20%～30%。而建筑运行的能耗，包括建筑物照明、采暖、空调和各类建筑内使用电器的能耗，将一直伴随建筑物的使用过程而发生。在建筑的全生命周期中，建筑材料和建造过程所消耗的能源一般只占其总的能源消耗的 20% 左右，大部分能源消耗发生在建筑物的运行过程中。为了更好地对我国零碳建筑实际运行能耗数据进行评价和检验，建立零碳建筑分项用能实时监控系统是建筑节能的第一步。这有利于在后续的建筑运行当中开展基于能耗数据的节能诊断、改造、运行、管理的服务。

（2）建筑能源管理系统预计成效。建筑能源管理系统应可通过实时的在线监控和分析管理实现以下效果。

1）对设备能耗情况进行监视，提高整体管理水平，保证冷热源系统能够根据末端冷热负荷变化调整冷热源系统的实时输出，达到节能的目的。

2）找出低效率运转的设备，使所有被控对象均在安全、舒适的前提下实现节能运转，预计可以达到 15%～40% 的节能率。

3）找出能源消耗异常，房间内有人的时候，对于设定节能模式的房间，有效利用自然光，照度不够的时候才打开灯具；对于打开窗户的房间，自动关闭空调室内机。

4）降低峰值用电水平，房间内没人的时候，空调室内机和照明自动关闭。

（3）能源管理和系统集成。建筑能源管理系统由能源管理平台、采集设备、终端计量设备 3 部分组成。系统通过采用实时能源监控、分户分项能源统计分析、重点能耗设备监控、能耗费率分析、大屏实时查询展示等多种手段，使管理者对能源成本比重和发展趋势有准确的掌握，制定有的放矢的节能策略，并将节能指标分解到各个部门，使节能工作责任明确。数据管理目标如下。

1）管理者依据设定的权限通过电脑或者手机可以远程访问和控制所有被控对象 f。

2）对于建筑物内各个部分的水、电消耗提供分项计量和统一管理。

3）各个需要接入系统的能耗数据可以通过一个总的平台进行对比、分析、管理。

4）其他数据如能耗、视频、设备运转情况等可以依据设定的权限通过统一的平台远程访问、管理。

5）建筑内其他弱电系统（如安防、消防、门禁、一卡通、停车场等）可以集中到统一的平台上管理。

系统架构包含各用能设备系统能耗数据采集层、服务器层、系统后台、展示部分等。系统架构示例如图 5-5 所示，管理平台界面展示如图 5-6～图 5-11 所示。

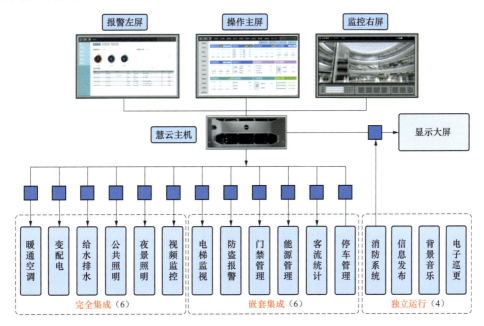

图 5-5 系统架构

图 5-6 管理平台界面展示（系统主界面）

图 5-7 管理平台界面展示（节能显示）

图 5-8 管理平台界面展示（单体建筑）

图 5-9 管理平台界面展示（电量分析）

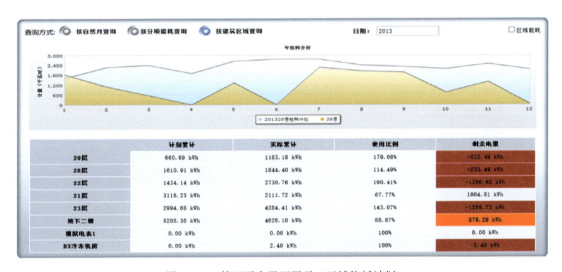

图 5-10 管理平台界面展示（区域能耗计划）

图 5-11 管理平台界面展示（建筑节能率）

5.3 零碳建筑实例

5.3.1 中国台湾绿色魔法学校

2011 年，正式落成于中国台湾成功大学力行校区的绿色魔法学校成为世界第一节能的超级绿色建筑。该建筑总楼面积 $4800m^2$，该栋建筑年用电强度 EUI＝43kWh/（m^2・a），节能率达到 65%，与其相同规模办公建筑用电强度高达 125kWh/（m^2・a）。建筑所属气候区为亚热带气候，与我国大部分区域相似，具有典型特征。

1. 特点

（1）该零碳建筑中用的水泥混凝土材料是炼钢厂回收的高炉石粉，可比一般水泥减少 30% 左右的用量及 15% 左右的二氧化碳排放量，但强度有所增加。

（2）屋顶有空中花园隔绝热气，还有可随太阳转向的太阳能板，以及作为风力发电的桅杆。

（3）室内的通风、采光、照明都从最节能环保的角度考虑，可以让一座 300 人国际会议厅在冬季 4 个月不开空调，达到空调节能 28%。

（4）采用陶瓷复金属灯二次反射照明设计，让国际会议达到节能 15% 的水准。

2. 整体能源情况

经过测算碳足迹，发现它比一般公共建筑减少 51.7% 的碳排放。其每年用电总量为 113200kW・h，相当于每年排放 71.3t 二氧化碳，后续划拨出一块 $47000m^2$ 的绿地建成一大片亚热带雨林，借此吸附所有的 71.3t 的二氧化碳排放量，使其成为名副其实的零碳建筑。

5.3.2 天津生态城公屋展示中心

天津生态城公屋展示中心整栋建筑的面积为 $3467m^2$，集众多环保技术于一身，通过应用先进建筑技术、多种可再生能源实现零碳排放，是天津首座零碳建筑。

1. 特点

（1）菱形建筑结构充分吸收太阳光。建筑整体是一个超大的菱形结构的二层建筑，设计成南偏东 15° 的方向。角度的选择参考了天津本地日照时间和强度，充分考虑了光伏板吸收太阳能光照的时间问题。

（2）通风保证整体舒适。公屋展示中心的中央大厅直通建筑顶板，在高出二层的建筑立面安装满玻璃窗，一方面保证了大厅的自然采光，另一方面，这也是建筑通风系统的一部分。在建筑中心内，有一套基于烟囱效应的通风系统，通过地下管网，建筑与室外的一个采风井连通。新鲜空气由室外通过管网进入建筑，再通过侧面窗、办公室户外窗，实现空气流通，在室外温度适宜的情况下减少空调开启，节约电能。

（3）窗体贴膜节能。窗户本身是低辐射玻璃，在玻璃的基础上增加一层膜，保证透光的同时，也满足更好的隔热需求。倾斜的设计使得太阳光直接照射在窗台上，而上面一层的窗户采用光面材质，将太阳光折射，但是仅反光却不反热，最大限度控制室内温度散失。

（4）地热能利用。进入冬季，为保证室内温度需要消耗大量能源，该建筑设计了地源热泵采暖与制冷系统，利用地热能为建筑供暖。同时，在建筑内还设计加入毛细管网采暖，在屋顶装入超薄、荷载小的毛细管网，有效提高热传递，同时减少空间改造对建筑的影响。

（5）灯具亮度靠室内光亮度自动调节。建筑设计的是智能照明系统，整个系统通过室内光亮度调节灯具亮度，办公室内是否开灯完全由自然光亮度和系统设定亮度决定。此外，照明系统中的导光筒直接利用了自然光。屋顶散发强光的大灯不是由电发光，而是由太阳光经过折射、反射形成。这样，即便空间大、采光差的大厅也可以保证光亮度。

（6）能源控制系统统一调控。此外，建筑还由一套控制系统对整栋楼进行集中管理。通过控制系统对内部所有设备能耗进行集中监控和管理，从而进一步降低能耗、节约资源。

2. 整体能源情况

展示中心经过建筑节能设计后一年的用电量约 210MW·h，整栋建筑太阳能光伏板面积达到 2600m²，每年可发电量 240MW·h，当光伏发电高峰时，清洁电有余量，再通过地下大量电池储能存储多余电量，供电能不足时使用，最终实现全年能耗 100% 自消纳，经过碳足迹测算，每年可减少二氧化碳排放 151.17t，实现零碳目标。

第6章

市 政 资 源 综 合 利 用

为提升资源集约利用效率，本章着重介绍了智慧路灯系统、综合管廊建设等方面的应用，从技术特点、场景应用、投资成本、发展前景等诸多方面描述出市政资源综合利用和低碳生活的美好蓝图，为未来社区综合管廊投建和维护、智能路灯系统能够更好地融入未来社区建设给出了指导意见。

6.1 多杆合一智慧路灯

6.1.1 智慧路灯概述

从 1417 年伦敦街头悬挂的世界上第一盏路灯，到 1843 年上海亮起的中国第一盏煤油路灯，再到 1959 年北京长安街璀璨的华灯……纵观路灯的发展史，可将路灯的发展分为普通路灯、文化路灯、智慧路灯 3 个阶段。随着社会的发展和科技的进步以及"未来社区"等概念的提出，覆盖在城市每一个角落的路灯正在经历着从承载照明和文化景观功能到担负未来社区建设载体和数据感知入口功能转变的重要过程。

本小节所述多杆合一智慧路灯是以传统的照明路灯灯杆为基础，集成加载 5G 网络基站、智能监控系统、公共 Wi-Fi 热点、公共广播系统、一键安防求助系统、多媒体屏幕、充电桩以及气象、环境等各种感知模块的新型智能系统设备。依托强大的综合管理平台通过 5G 通信网＋智能云计算，实现了智能照明，绿色能源、智能安防、互联互通、智慧城市、智能感知、智慧交通、智慧市政等诸多应用统一管理，面向未来社区的新型多杆合一智慧路灯。

在未来，智慧路灯的智慧照明系统可以实时在线监测灯具的运行状态，根据具体应用场景进行调光控制实现真正的按需照明，节能降耗，低碳环保。智慧路灯的多媒体屏幕不仅可以播放音频视频、图像文字等多媒体内容，还可以滚动播放时事新闻、道路信息、空余车位等便民信息，与此同时，为市民提供温湿度、风速、晴雨等气象信息和 PM2.5 等环境监测信息。监控摄像头可以实现智能测温防疫、监控执法等功能，有效进行卫生防疫、道路路况监控和公共设施管理。挂载的 5G 基站可以为用户提供免费 Wi-Fi，为市民随时随地提供高速畅通的数据网络。并且智慧路灯的个性化定制模块可以为用户提供电子邮件、赛事信息、金融服务、购物消费、物流服务等功能，实现民生与商业价值功能的融合。

多杆合一智慧路灯通过资源深度的有机整合，不仅大幅度降低了城市基础设施建设成本和运维成本，还为未来社区的建设和提升城市治理效率提供了良好的基础，让每一杆路灯都变成了未来社区的神经感知触角，所有的智慧路灯有机连接成一张未来社区的智能感知网络，实现对未来社区各领域的精确化管理，以及未来社区资源的集约化利用，让路灯成为物联网的绝佳载体。近年来，国内各省市相继出台与多杆合一智慧路灯建设相关的扶持政策以及行动计划，为智慧路灯的产业发展以及落地生根提供了丰沃的土壤和有力的支持。预计到 2021 年，以智慧路灯为进口的各种硬件及服务的商场规划可达 3.7 万亿元。目前已有在广州、深圳、北京等地实施项目的落地案例。

6.1.2　智慧路灯的发展现状与趋势

1. 行业进程不断加快

2014 年，我国企业开始布局智慧路灯。2016 年，我国智慧灯杆正式落地。2018 年，智慧路灯发展进入示范阶段，整体市场规模还较小。2019 年，5G 商用为智慧路灯发展创造了新机遇。2020 年，由 5G 基站建造带动的智慧路灯商场空间 1176 亿元。到 2021 年，以智慧路灯为进口的各种硬件及服务的商场规划为 3.7 万亿元，占智慧城市商场总规划的 20%，商场"蛋糕"非常大。伴随着智慧城市建设推进、5G 商业化浪潮推动，智慧路灯在未来几年将会实现突破式增长。

2. 政策驱动市场发展

从政策环境来看，《关于 2019 年推进电信基础设施共建共享的实施意见》提出，鼓励基础电信企业、铁塔公司集约利用现有基站站址和路灯杆、监控杆等公用设施，提前储备 5G 站址资源。2019—2020 年，据不完全统计，全国各省市已发布超过 250 份关于智慧路灯的相关政策及规划，华东、华南地区的力度更大，如《广东省信息基础设施建设三年行动计划（2018—2020 年）》、深圳市《多功能智能杆建设发展行动计划》（2018—2020 年）》、《海南省信息基础设施水平巩固提升三年专项行动方案（2018-2020 年）》等，均明确提出统筹推进智慧路灯建设，智慧路灯行业进程不断加快。据初步统计，我国智慧路灯中标项目约 100 个，项目总规划已达 246.51 亿元，智慧路灯项目在各地全面开花。如深圳市对约 24 万个路灯杆进行"多杆合一"改造，初步测算费用将高达人民币 500 亿元左右；成都市双流区智慧城市（智慧路灯）建设项目投资约 3 亿元，建设内容主要包含智慧路灯约 14000 柱以及配套的充电桩、LED 显示屏等。

3. 城市建设推动受益

近年来，中国城镇化进程快速推进，城镇化率逐步提高，中国的城镇化率从 2010 年的 50％增长到 2019 年的 60.6％。传统道路照明灯数量庞大，在云计算、物联网等产业快速发展背景下，智慧路灯安装量持续增长，到 2019 年达到 1.5 万盏左右。与此同时，随着大数据、人工智能等新一代信息技术的广泛应用，智慧城市成为必然趋势。智慧路灯作为智慧城市的入口端，具备"有网、有点、有杆"三位一体的特点，成为推进建设的关键节点。特别是 2020 年城市"新基建"的提出，国家对于道路照明等市政基础设施建设投入将持续增长，为智慧路灯行业发展奠定基础，再次掀起建设热潮，智慧路灯市场将持续受益。

6.1.3 5G 建设与智慧路灯

1. 5G 建设特征

根据无线传输原理，频率越高，信号波长越短，传播损耗越大，覆盖范围越小。也就是说，相同的覆盖面积下，5G 的基站要比 4G 更多。根据中国工程院院士邬贺铨预计，5G 组网需要的基站的数量将是 4G 的 4～5 倍。面对如此密集的基站布置，考虑建设成本与运营模式两大因素，"宏站＋微站"协同补充覆盖成为 5G 覆盖的有效解决方案。第一大难点也应运而生，即 5G 基站的建设成本与基站选址。

基站数量的倍增，一方面意味着运营商建设成本的增加，另一方面意味着更高的运营成本。仅电费一项，就占总运营成本的 15％。在移动通信中，基站是主要的电力消耗者，80％的电力能耗被广为分布的基站所消耗。5G 基站的能耗与其厂家、型号、功率有关，但相比 4G 基站均有不同程度提高，据相关资料介绍，5G 基站的能耗约是 4G 基站能耗的 3 倍。倍增的基站数量代表着倍增的电力能耗，相应供电方案也将重新选择，这就产生了 5G 建设第二大难点，运营商建设 5G 基站配套的供电问题。

5G 技术的升级，相应的基站设备也相应地发生了变化。相比于 4G 基站，5G 基站上负责线缆上导行波和空气中空间波之间转换的天线与负责射频处理的单元 RRU 被合并成有源天线单元 AUU，形态上从以前的长条形变成了现在的矮胖型 5G 基站，相应的重量也比 4G 基站更重了，对基站建设的承重能力、机械强度提出了更高要求。除此之外，数量倍增的 5G 基站对日常的运维管理也提出了严峻的挑战。

2. 智慧路灯的机遇

从上文分析来看，目前 5G 建设主要面临建设成本高、基站选址难、配套供电方案及基站重量增加、运维管理等问题。那么，作为市政基础设施的智慧路灯无疑是 5G 基站建设的最佳载体，多杆合一与 5G 基站的概念完美契合，在站址选择、盲点覆盖、共享建设、电力配套、杆载承重、智慧管理等方面存在明显的优势。

（1）有效解决 5G 基站覆盖密集的要求。智慧路灯是目前我国城市基础建设中覆盖最为有序、最为密集、最为广泛的市政基础设施。智慧路灯间距一般小于 100m，根据灯具功率不同，分部间距在 30m 左右，符合 5G 基站分布间距要求，同时解决了基站的选址问题。

（2）可有效解决 5G 基站供电问题。在建设上，智慧路灯与 5G 基站可以共享电源，根据负荷水平择优选择供电方案，有效解决基站的充电装置问题和基站单独专线供电难题，有效降低建设成本。

（3）灯杆机械结构稳固。智慧路灯的灯杆在载重量、抗风力与机械结构稳固方面可以充分满足 5G 基站的重量，在智慧路灯杆材选择与机械结构设计方面都可以根据相关的指标数据进行优化设计。

（4）实现 5G 基站的智慧管理。智慧路灯杆载大量智能感知设备，而且可实现对 5G 基站运行数据的实时采集传输，并上传智能云平台，对基站运行状态、监测预警实时处理分析，实现 5G 基站的智慧管理。

6.1.4 智慧路灯功能

5G＋AI 人工智能和智慧路灯的融合应用是当前的智慧路灯的创新应用之一。如佰马 BMG8600 人工智能＋5G 智慧杆网关，集合了边缘计算、AI 智能、路由器、协议栈等强大功能，专用于智慧路灯杆、5G 灯杆、多功能路灯等应用。

5G＋AI 可以赋予智慧路灯更高效的应用模式：5G 通信低延时和广接入，深度契合了智慧灯杆创新应用的发展需求，利用智慧路灯杆载设备的大数据采集，配合多功能的杆载设备，进一步扩展提高应用水平和智能化水平，完成未来社区场景信息实时反馈，以及海量杆载设备的通信接入、数据交互传输，实现对人工智能的决策效能及服务水平的提升，这种赋能应用不但能够改善智慧路灯交互体验，同时也可以增强未来社区大数据的数据管理和分析。

融合了 5G＋AI 以及丰富的杆载设备和传感器的智慧路灯已经不同于传统概念的路灯，因此又叫作"未来社区多杆合一智慧路灯"，是以智慧照明为基础，集摄像头、广告屏、视频监控、定位报警、新能源汽车充电、5G 微基站等功能于一身的新型信息基础设施。智慧路灯集成功能如图 6-1 所示。

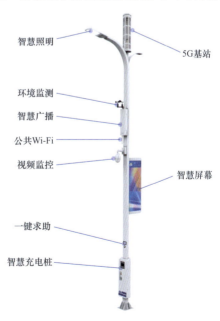

图 6-1 智慧路灯集成功能

1. 智慧照明

据了解，当前我国路灯照明耗电量约占总量的 15%。其巨大的能耗和高昂的管理费用等问题也让城市管理者煞费苦心。并且传统路灯易受季节、天气自然环境和人为因素影响，经常该亮时不亮，该灭时不灭，造成能源浪费和财政负担；还有无法远程修改开关灯时间、不具备路灯状态监测、设备易丢失故障无法定位等问题。

（1）按需照明，节能降耗。传统照明往往仅仅根据时间或光敏模块实现路灯的自动启停，无法根据应用场景的变化调整路灯灯光强弱、色调、角度等，因此能源消耗大、照明效果单一，且无法做到按需照明。在未来社区相应域内每一盏智慧路灯都通过照度、运动检测等传感设备与互联网连接，通过传感器实时采集反馈的环境、场景等信息，通过 AI 人工智能实现智慧路灯的智能无极调光，从而实现智慧路灯的按需照明和能耗精细化管理。智慧路灯的调光策略一般有场景控制、时间控制、远程控制、感应控制等。

（2）提质增效。目前传统路灯的运维方式大多采用运维工人线下巡检，存在工作量大、运维时间长、故障发现不及时等诸多问题。智慧路灯采用的智能路灯控制系统，在线实时监测并反馈路灯运行状态，从而实现智慧路灯的自动预警报警、准确故障报修、GIS 系统及导航指引、设备状态的监测和智能诊断等功能，大大提高运维人员对路灯运行状态的整体把控，有效减少维护人力物力，提高工作效率。

2. 智慧安防

智慧路灯＋智慧安防将有效提升道路安防能力。基于智慧灯杆上的视频 AI 智能分析等应用，智慧道路上可实现对人、车、物有效管控。在出现应急事件时，实现安防的联动报警和协同处理。同时，可通过一键报警按钮，与未来社区运行管理中心联动。

3. 智慧防疫

智慧路灯＋智慧防疫即智慧路灯与人体测温系统联动，利用红外热成像和人脸检测技术，在人员经过时自动测温，当出现体温超过阈值的疑似发烧人员时系统自动锁定并报警，与此同时，智慧路灯所搭载的高清摄像头将对人员进行抓拍采集，同时系统会将实时采集到的数据及时传递到疫情防控指挥中心，助力各地信息化精准防疫。

4. 智慧交通

（1）智慧执法。利用监控摄像头对视频图像进行算法分析进行 AI 执法，后台自动记录违停信息，并短信提醒违停车主周围最近停车泊位，若车主在规定时间内及时挪车，则免受处罚，有效消除群众对违法停车处罚的"选择性"的误解，体现交通执法公平性，有效督促车主纠正违停行为。

（2）智慧充电桩。智慧路灯＋汽车充电桩模式可以解决影响新能源汽车充电桩难以落地的土地资源、运营难度、投资成本三大难题，并且具有土地空间资源利用率高、密度分布合理、用户体验优等优势。选择在交通流量小的部分路段，设置融合新能源汽车充电桩的智慧路灯，并配置新能源汽车充电专用泊位，既能满足新能源汽车充电要求，又可满足道路交通需要，绿色环保。

5. 道路信息

智慧路灯的智慧屏幕实时显示路况信息，并将信息上传网络，可与地图导航 APP 实时信息交换，为出行者提供更准确、更畅通、更高效的路线规划与出行方式。

6. 无人驾驶

借助智慧路灯部署车联网路侧单元、边缘计算单元，使车聪明起来、路智慧起来、网全能起来，以实现智能车联网、远程驾驶、无人驾驶等技术。

通过多杆合一智慧路灯＋智慧交通提升道路交通智慧化水平，让道路交通服务更加多元化、智慧化、便利化。让未来社区参与交通的每一分子都能实时获取路况信息，智慧出行、智慧停车，有效节约出行时间，大大提升市民出行体验。

7. 智慧应急

智慧路灯＋智慧应急将智慧路灯纳入应急信息指挥系统，为自然灾害、事故灾难、公共卫生事件、社会安全事件等突发事件的监测预警、公众动员、应急指挥提供应急信息系统从上到下、从内到外、从网到端的全方位、立体化应急管理体系，构建"看得见、听得到、即时反应、即时处置"应急数字化管理平台，实现"足不出户、运筹帷幄、令达千里"的智慧应急管理。

8. 智慧党建

智慧路灯＋智慧党建将重新定义互联网党建，将党建工作在线化、数据化、智能化，即

党建工作互联网化＋对的互联网模式＝智慧党建

针对政府、中大型企业组织打造集工作、服务、活动、学习、展示于一体的智能党建云平台，构建线上＋线下连接的智慧党群工作服务网络，实现数字化到智能化的升级，最终形成共建共享的智慧化党建生态体系。

6.1.5 智慧路灯关键技术

1. 智慧路灯强弱电设备仓结构

社区智慧路灯从各类物联网模块安装结构设计上可分为固定式、和架式、滑槽式，适用于各类智慧社区的安装场景，产品造型可根据现场社区周边情况和业主实际需求进行灵活设计和生产。

多杆合一智慧路灯多箱合一分仓使用。多合一箱体，将通信，广电，监控等线缆集中在一个综合箱内，实现统一规划、统一建设、统一管理，实现空间道路综合应用。用于人行道设施带、路边绿化带、机非隔离带内，功能齐全，美观协调，便于管理。

多杆合一智慧路灯所处的系统平台也有很强大的优势，是基于大数据采集、存储，对产品状态进行实时追踪、监测的综合管理平台，目前广泛应用于智慧路灯系统中。智慧路灯软件平台 StarRiverPro 控制系统用于对灯及其他设备进行控制和监控。

综合上述多杆合一智慧路灯强弱电设备仓结构设计的特点及要求，智慧路灯强弱电设备仓结构的设计需综合考虑以下几点因素。

（1）设计原则。总体设计原则充分利用有限空间，多箱复用、分区使用，强弱电分区域走线，强电走线设置在底部舱室，弱电走线设置在顶部舱室，箱体内置散热处理装置，表面做绝缘处理。

（2）防水等级。舱室内安装有一级、二级防水浸告警器，门板与门框采用密封橡胶垫进行防水处理，防止外界水侵入舱内。

（3）防尘等级。防尘等级 IP54。

（4）防漏电设计。路灯漏电问题非常关键，可以通过漏电保护器＋燃绝缘材料设备绝缘层，并应用报警连锁机构，达到防漏电的目的，保证过往居民人身安全。

（5）防盗设计。检修门采用智能门锁，通过 APP 或远程进行开关门操作，云控平台实时对门锁进行状态监测、开门日志记录追踪等功能。

2. 智慧路灯系统管理云平台

在我国智慧城市建设的过程中，智能交通已然成为新型城市化建设中最重要的场景之一。不仅在系统集成解决方案能力上享有盛誉，在智能交通设备领域其实也早已走在市场前列，也成为"多杆合一"加载设备的重要一部分。

未来社区智慧路灯灯杆上的照明、视频监控、信息广播等各功能模块智能化管理、智能化运维管理、工单管理等采用"云—网—端"总体搭建框架，以社区智慧路灯为物理载体，搭建智慧照明、视频监控、环境监测、一键呼叫、无线网络、公共广播、信息交互屏、充电桩等设备，为未来社区的建设做好基础数据布局。平台主要特点有：①搭载的各类设备状态在线监测；②多协议接入，多种远程控制方式；③历史数据查询；④报警自动提醒；⑤基于地理信息系统设备的定位显示及搜索；⑥与各类智慧社区大平台 API 对接，数据交互。

6.1.6 多杆合一智慧路灯建设方案

多杆合一智慧路灯因为系统复杂，外设种类繁多，而且都是模块化安装，具备各种场合应用的可能。因此就多杆合一智慧路灯而言，其建设方案可以从设备感知层、网络通信层、数据管理层、平台应用层这 4 部分来着手开展，如图 6-2 所示。

1. 感知层建设

智慧路灯感知层是指智慧路灯与外界环境获取可视、可感、可听、可测的所有设备与技术，具体是指摄像头、检测仪、传感器等传感设备和技术，可实现对多杆合一智慧路灯解决方案中对所需采集外界环境信息终端设备的全面感知。

因此多杆合一智慧路灯所应用到的感知层设备有：安防摄像头、LED 显示屏、红外成像仪、噪声检测仪、风力检测仪、温湿度检测仪、PM2.5 检测仪、汽车同路侧单元（RSU）、停车无感支付、无人驾驶诱导等环境监测相关传感器等。

感知层设计设备众多，在建设中可根据智慧路灯具体的应用场景进而调整智慧路灯的

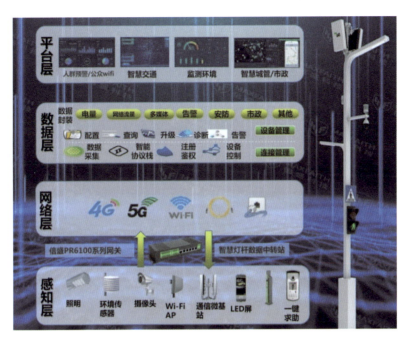

图 6-2　多杆合一智慧路灯建设方案

杆载设备，因地制宜。如在公园景区、社区等场景，可以杆载智能安防一键求助设备；在商场城市道路、停车场、小区等场景，可以杆载智能充电桩，停车无感支付等设备。

2. 网络层建设

网络层即 5G 通信网络＋物联网，是指智慧路灯将接受感知层获取的原始数据信息，如温度、湿度、噪声、监控视频等，网络层将对原始数据进行预处理，即数据融合处理，对获取到的原始数据进行关键信息的提取，按要求将其打包成相应格式，提交给智慧路灯数据管理层，与此同时，也可以通过网络层接受上层下发的指令，经过相应的处理分析后执行，呈现出智慧路灯可感、可视、可听、可知的智慧之处。

在智慧路灯感知层和网络层两个不同的网络之间需要一个强大的中间设备，统一数据采集和管理分析，这就需要用到智慧路灯网关。智慧路灯网关能够为智慧路灯接入设备提供标准的网络接口及网络交换、路由功能，可监测接入设备网络状态，具备边缘计算、边缘存储、边缘控制功能，并为后端平台提供标准结构化数据，支持数据加密和通信模式拓展。

在智慧路灯网络层的解决方案中，需要寻求一种具备使用简单、组网灵活、稳定安全、接口丰富、协议多样化、绿色节能等特点的网关方案，支持远程维护，支持各种传感设备无缝接入，便于统一数据采集和管理分析，配套未来社区云控平台，以便实现智慧路灯的丰富的功能。

3. 数据管理层建设

网络通信层之上是数据管理层，通过未来社区云控平台，将收集到的数据如温度、湿度、噪声、监控视频等，进行数据分析处理、数据存储、用户管理、电量使用管理、视频图像监控等，并对数据进行分析研判，以便设备维护管理。

数据管理层可以将其形容为智慧路灯的信息处理的"路由器"，数据管理层将网络层上传的数据信息根据格式识别区分为两大类，一类是智慧路灯自身处理解决反馈的数据信息，称之为"内信息"，如气象、PM2.5、充电桩使用情况等；另一类是需要输出到外部系统接口的数据信息，称之为"外信息"，如交通监控信息、实时路况信息、市政政务信息等。内外信息最终都会在智慧路灯形成闭环，对外通过 LED 屏、音响等呈现可视、可听的信息。

4. 平台应用层建设

平台应用层采用微服务架构在云端部署可自由组合的应用组件，通过"软件＋硬件＋应用＋数据"垂直一体化服务，打通智慧灯杆产品从设计研发到生产销售的全流程数据，赋能企业实现智慧灯杆 IoT 设备全生命周期全流程闭环管理。

为满足各个系统的便捷管理，和不同部门之间的融合协作，未来社区云控平台以智慧路灯为载体的各种具体应用平台，实现了路灯照明监测、安防监控、环境监测、信息发布、网络广播、一键报警、LED 显示屏、新能源汽车充电桩等功能。

6.2 综 合 管 廊

6.2.1 综合管廊综述

未来社区"六大智能低碳能源场景"的构建，离不开可靠管网的基础建设支持，包括热力、排水、供电、供水、通信、燃气、管沟、工业管线在内的八大类数十种管道。

如此复杂的管网建设如果缺乏合理规划和统筹安排，容易造成几十家产权单位独立建设、分离管理、低效使用、混乱管理等一系列问题，不少城市的管网建设普遍存在着同一种弊病——"拉链路"——即新、改、扩建道路工程反复无序开挖、长期处于施工状态的现象。不仅给市民的正常生活带来不便，而且造成了资源的浪费。此外，反复施工会对临近管道造成破坏，甚至造成重大安全事故。为避免未来社区出现此类问题，推进综合管廊建设成为"最优解"。道路综合管廊布置图如图 6-3 所示。

综合管廊是为城市市政、电力、通信、给排水等各种管线提供一个共同管理的出口，其模拟图如图 6-4 所示。这种共同管理的出口体现为综合的专门的检修口、综合的专门的吊装口和综合的专门的监测系统，从而能进一步实现统一规划、统一设计、统一建设和统一管理，普遍设计以地下为主要通道。虽然目前各个国家对于地下综合管廊的名称并没有统一，但是基本内涵是一致的，本书统一作"综合管廊"称呼。根据我国住建部相关文件，地下综合管廊是指在城市地下用于集中铺设电力、通信、广播电视、给水、排水、热力、燃气等市政管线的公共隧道。

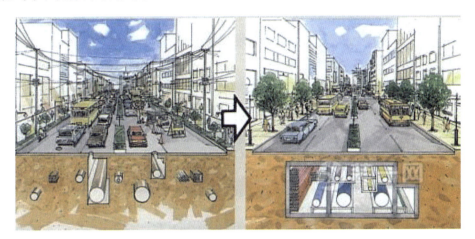

图 6 - 3　道路综合管廊布置图

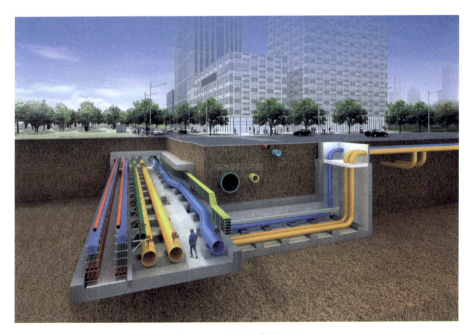

图 6 - 4　综合管廊模拟图

综合管廊的建设较早起源于欧洲，在迄今 180 多年前，法国巴黎建立了世界上第一条地下综合管廊系统，该管廊内排布了自来水、通信、压缩空气等 5 种管线。在 1861 年，英国也开始兴建地下综合管廊系统，将水、燃气、热力等市政公用管道置于地下综合管廊内部。德国、美国、日本等国家也相继建设城市地下综合管廊。目前世界上应用综合管廊项目最为成熟的国家为日本，截至目前，日本综合管廊已经覆盖了东京、大阪、福冈等 80 多个城市。

我国的城市综合管廊建设也从 1958 年北京市天安门广场下的第一条管廊开始，发展到了如今国内综合管廊建设蓬勃建设的局面，大中型城市的综合管廊均已初见规模。无论是从建设规模还是建设水平来看，均已超越欧美发达国家，成为综合管廊建设的超前国家。

综合管廊建设是解决社区管网建设和运维混乱的有效途径，与传统模式的市政管线方式相比，综合管廊能够统筹规划建设、管理维护和应急防灾等过程，解决"马路拉链"问题，具有综合性、长效性、低成本性、投资多元化、环保性和投资多元化等特点。

（1）综合性。市政管线属性各不相同，传统模式下，各分管单位采取的排布方式也是各有特点，其管线的规划、建设方式、管理模式、运作体系也不同。而综合管廊能够科学合理地利用地下空间，将各种市政管线按照统一规划、综合布置、集中管理方式进行资源的有效整合和开发利用，形成了新型智能化的运营管理体系。

（2）长效性。与传统的各分管部口简单的直埋或架空建设模式不同，综合管廊因集约布置多种市政管线，所需空间较大，结构复杂，其建设需要统一规划、施工。综合管廊项目一般采用钢筋混凝土框架结构，保障其稳定性和使用寿命，提升了综合管廊的长期使用效率。

（3）低成本性。常规市政营线的铺设方式普遍采取直埋、架空等模式，加大了道路开挖的频率、阻滞交通，使得成本增加。综合管廊项目有效解决了这一难题，综合布置市政管线，集中管理，多方使用，简化了报批程序，避免了多头建设，使得建设运营维护成本大大降低。

（4）投资多元化。综合管廊项目拓展了以往各政府部分独自出资建设的模式，引进社会资本参与建设与运营，降低了政府的财政压力。通过合理运用社会资本投资方的资金、技术等资源，政府部门与社会资本共担风险、共享利益，不仅能为公众提供相应的基础设施，而且解决了融资难的问题。

（5）环保性。综合管廊的建设需要市政部口的统一规划，集中建设，留有足够的空间和出入口，以便检修人员进行管线维护，保障城市的环境美化。另一方面，管廊使用寿命较长，管线的更新、改造也不需要市政道路的重复开挖。

（6）抗震防灾性。综合管廊内的各种市政管线均不受台风、冰冻、侵蚀等自然灾害的影响。而且地下管廊可以结合人防工程，在设计时兼顾人防，必要时刻发挥防空洞功能。

6.2.2　综合管廊分类及特点

综合管廊根据功能类型可分为干线综合管廊、支线综合管廊和缆线综合管廊 3 种，这3 种综合管廊同时容纳的管线类型不同，结构和属性也有很大差别。

1. 干线综合管廊

干线综合管廊是指设置于社区道路中央下方的管廊设施，它的主要作用相当于枢纽，如图6-5所示。干线综合管廊向社区各支线综合管廊提供配送服务，通过收容的各类管线实现系统化的管理。作为综合管廊的主体结构，干线综合管廊更接近于道路的主干道，该管廊内部通常可容纳通信、热力、电力、给水和燃气等管线，部分工程也将排水管线纳入其中。干线综合管廊土建工程要求较高，通常结构断面尺寸较大、覆土深厚、系统比较稳定。因此会有安全性能较高、内部结构紧凑和输送量大等优点，伴随着的是维修及检测要求高的缺点，这些是干线综合管廊的最主要的特点。特别是在安全性方面，因各种管线安置在覆土深厚的综合管廊舱室内，避免了管线与土壤直接接触，有效防止了因地基沉降、道路上方动荷载、土壤中的腐蚀物质等对管线造成的破坏。

图6-5 干线综合管廊

2. 支线综合管廊

支线综合管廊为干线综合管廊下设的负责具体工作的系统，可使干线综合管廊与社区终端用户之间产生有效的沟通。一般铺设于道路两旁的人行道下。通信、有线电视、电力、燃气、自来水等直接服务的管线被收容在支线综合管廊内。支线综合管廊的特点如下。

（1）有效断面较小，容载率和输送量相对较低。支线综合管廊负责将各种资源从干线管廊输送至用户，与干线综合管廊相比，各种管线的输送量相对较小，相应的管道截面面积也较小，因此支线管廊的有效断面较小，也不能直接服务于大型用户。

（2）结构简单且施工方便。支线综合管廊大多数为单舱设置，结构上比干线综合管廊简单，同时其断面较小，施工上也比较方便。

（3）设备以常用定型设备为主。支线管廊内的设备一般为厂家直接提供设计并生产制造，常用定型设备能更好地为各种管线服务。

3. 缆线综合管廊

缆线综合管廊一般敷设在人行道下方，将城市中架设在空中的管线纳入其中，主要包括电力电缆、通信管线和道路照明电缆等，有效减少了架空管线的出现，使城市更加美观，一般缆线综合管廊的埋设深度较浅，为 1.5m 左右。缆线综合管廊的特点是空间整体的横纵断面较小，建设施工费用较少，不需要添置监控设备、通风通气等设备，在维护管理上也较为方便简单。

6.2.3 综合管廊的投建模式

虽然综合管廊有着众多的优势，可以解决未来社区管网的问题，但综合管廊建设中也存在一些问题等待解决，主要集中在投建和运维方面，如前期投资较大、模式单一等问题，目前存在的投建和运维范例有政府全权投资建设和政府、管线单位联合投资建设和政府与社会资本合作投资建设。

1. 政府全权投资建设

政府全权投资建设模式是指综合管廊主体工程以及附属工程全部由政府投资建设，管廊建成后管线单位可租用或免费使用管廊内空间，自行敷设管线。政府投资建设的常见形式包括直接拨款、银行贷款、贴息资金 3 种。

2. 政府与管线单位联合投资建设

政府和管线单位联合投资成立项目公司，负责综合管廊的建设，政府与管线单位共同出资建设模式包括以下两种。

（1）管线单位出资与政府补足模式。将各管线单位用于综合管廊建设的资金集中起来作为建设资金，项目公司负责综合管廊建设，综合管廊建设投资成本与各管线单位出资总资金之间的差额由政府补足。

（2）政府与管线单位按比例分摊模式。政府按综合管廊建设所需资金的一定比例出资，其余部分由各管线单位按一定比例分摊。

3. 政府与社会资本合作投资建设

政府与社会资本合作投资建设（Public‐Private Partnership，PPP）即社会资本和政府部门之间达成长期合同，提供公共资产或服务，由社会资本承担项目主要风险及管理项目的责任，并根据绩效情况得到酬劳。社会资本可采用以下几种模式参与综合管廊项目建设。

（1）建设—运营—移交（Building Operate Transfer，BOT）模式。指政府与社会投资人签订 BOT 协议，社会投资人取得一定期限的综合管廊项目特许经营权，进行项目的投资、融资、建设和运营，在特定期限内运营综合管廊、并向入驻管线单位收取一定的租赁和维护费用来收回投资、偿还债务并获得利润，在特许期满后将综合管廊项目无偿移交给政府部门。

（2）移交—运营—移交（Transfer Operate Transfer，TOT）模式。指社会投资人向政府购买已经建成的城市地下综合管廊的所有权，并在一定的特许经营期内负责经营该综合管廊项目以收回投资并获取利益，特许经营期满后综合管廊重新交还给政府，该模式特别适合我国现阶段城市地下综合管廊建设投资由政府财政直接投入的现状。

（3）建设—移交（Building Transfer，BT）模式。指由政府授予综合管廊项目建设特许权的社会投资人按照一定的法定程序组建项目公司，并进行投资融资及项目建设，在项目竣工后按照前期约定进行移交，再由政府部门按照约定的年限向社会投资人支付综合管廊项目投资费用。

当前，PPP模式被广泛采用，具有以下特征。

1）合作伙伴关系。公共管廊项目的完成意味着政府与社会投资方是合作关系而非竞争。建立在合作伙伴的关系层面，政府与社会投资方才会充分发挥各自的优势，使社会资源在未来社区的配置更具合理化。

2）风险分担机制。PPP项目中风险分担机制在贯穿整个项目周期，整个项目过程中存在的风险都有公私双方共同承担。在PPP项目中，不能要求投入的双方都追求风险最小化，PPP模式要求双方不能回避风险，而是尽可能地去承担自己可以承担的风险。

3）利益共享。它要求政府与社会投资方在PPP项目中共同享有项目带来的收益。

6.2.4　综合管廊工程的灾害防治

1. 渗漏水影响

综合管廊像其他地下工程一样，易遭到渗漏水问题的困扰，特别是在南方城市，河流密集，降水量大，土壤湿度高，更容易受渗漏水影响。通常混凝土结构施工缺陷、外界水压过高、地表车辆震动荷载都是引起管廊渗漏水的原因。此外，必须指出的是，管廊内的热力管线、电缆线等管线会使廊内温度明显高于外界，管廊由于内外部温差产生劣化，进而出现裂缝发生渗漏水。渗漏水部位主要集中在管廊结构面混凝土缺陷处、拼装接缝、变形缝、沉降缝等。根据渗水量的不同应采取相应的方法进行维修堵水，通常采用防水涂料修补裂缝结合注浆背衬的方法，其中注浆常用化学注浆、固体注浆、帷幕注浆、回填注浆相结合。除传统注浆外，王复明院士提出的渗漏涌水快速治理复合注浆技术采用发泡聚氨酯类非水反应高聚物作为注浆材料，能够快速防渗堵涌，具有早强、高效、经济的优点，工程实践效果极好。

2. 火灾应对

可燃物的类型和数量是引起综合管廊火灾的主要因素。综合管廊中可能会诱发火灾的管线主要有电力电缆、燃气管道和污水管。

（1）电力电缆引起的火灾。电力电缆发生火灾的一个必要条件是温度到达电缆保护层的着火点。通常有3个方面的因素够满足这一条件：①廊内通风降温效果不明显引起热量消散延迟，包括通风系统设计不合理、部分通风设备发生故障；②电力电缆自身起火，有电缆相间短路、电缆对地短路、电缆接触不良和电缆线路过载，前三者造成局部火灾，而电缆线路过载会引起整条电缆多起火灾；③外来火源，主要指维修人员带来的火源和其他无意或故意纵火。

（2）燃气管道引起的火灾。管道内运输的燃气泄漏后，廊内形成爆燃性气体环境才会发生此类火灾，没有泄漏的燃气舱内缺乏可燃物质较难形成火灾。燃气泄漏后，泄露的燃气和管廊内的空气形成混合物，随着燃气浓度的逐渐增加而达到爆炸浓度下限，形成了爆燃性环境。如果此时管廊内温度升高到一定程度或有火星出现，可燃物（燃气）、助燃物（氧气）和引火源燃烧三要素能得到满足，即形成火灾，某些情况下会引起爆炸。这类火灾常发生在通风条件不良的区域。

（3）污水管道引起的火灾。此类火灾和燃气管道火灾相似，主要区别是可燃物质及其来源不同。排放的污水既包括生活污水也有工业废水，采用管道排放使管内污水处于无氧环境中。这种环境下，生活污水中的有机物容易被产甲烷菌分解生成甲烷；工业废水中可能存在蛋白质、油脂、有机酸、碳水化合物等有机物，在微生物分解作用下产生硫化氢、一氧化碳等可燃气体。它们从管道内泄漏出去，在合适的条件下会引起火灾。

3. 人为灾害

综合管廊内集中的大量市政管线是城市的"生命线"，一旦遭受破坏将使城市面临瘫痪，因此很容易成为蓄意破坏和恐怖袭击的目标。有可能进行这一破坏活动的主要有刻意入侵者（包括极端主义者、犯罪分子、暴力的激进分子、故意破坏者）和从事管廊工作的失意员工。在这种人为灾害中，人的主观思想是诱导灾害的重要原因。

因此对其防治需要在注重技术手段的基础上强调非技术手段。通常采用的技术手段是在出入口处采用智能电子井盖，由它监控井盖是否为异常打开，并及时向控制中心汇报；也可以在出入口安装红外入侵报警器，进行非法入侵探测和报警。非技术手段是制定综合管廊防入侵方案，即一种以上述人员作为分析对象，基于彩色标度、德尔菲法和层次分析法（AHP）的综合管廊安全策略规划专家系统，能为综合管廊防入侵方案提供思路。

4. 地震危害

绝大多数综合管廊是典型的箱形浅埋钢筋混凝土结构，因其埋深较浅，地震的毁坏程度会比深埋结构严重得多。

为减弱地震的不利影响需在综合管廊廊体结构接头和构造方面采取措施，通常在接头处采用柔性接头，能降低震动，减轻纵向应变，同时对温度变化引起的热胀冷缩进行补偿；接头还应宜采用预应力筋、螺栓或承插式接头。

地震波包括纵波（P波）、横波（S波）、瑞利波（R波）和勒夫波（Q波），综合管廊对其响应特征各不相同，总体上可从4个方面进行分析。

（1）震动响应。横波（主要指垂直偏振横波）引起综合管廊水平震动，纵波和瑞利波引起垂直震动。

（2）变形响应。综合管廊属于地下结构，符合地震波作用下地下结构的变形特征，其变形可分为轴向拉压变形、轴向弯曲变形、截面椭圆变形（圆形截面）或挤压变形（矩形截面），前两种变形是波沿结构轴向传播引起的；后一种是波入射方向垂直于结构引起的。其中综合管廊弯曲变形最为常见，它主要由横波和瑞利波引起，但两者区别较大，在横波作用下，结构上下表面对应点应变幅值大小相差不大；而在瑞利波作用下，结构顶面的应变幅值比对应底面的应变幅值大得多，大约是前者的 2 倍，且弯曲变形的最大应变分布呈现出中间大两头小的特征，并随着加速度峰值的增大而增大。

（3）位移响应。体波（包括纵波和横波）引起综合管廊横向位移，瑞利波引起竖向位移，其中瑞利波能产生自由面的最大位移。

（4）液化土中的响应。松散沙质沉积地基在地下水位较高的情况下发生地震常伴随砂土液化发生，液化土中结构的震害与地基失效密切相关。场地液化引起结构的上浮，是综合管廊在地震中破坏的原因之一。液化后的土体一方面产生很大的侧向扩展，另一方面使上覆土体有效应力急剧减小，直接导致综合管廊产生很大的上浮位移和侧向位移。

第7章

"光伏＋多场景"融合

我国是世界能源生产和消费大国。在能源生产和消费中，煤炭约占能源消费构成的 75％，已成为我国大气污染的主要来源。因此，在"碳达峰、碳中和"的要求下，大力开发太阳能、风能、生物质能、地热能和海洋能等新能源和可再生能源利用技术将成为减少环境污染的重要措施之一。在各类清洁能源采集与应用蓬勃发展的当下，建设新型电力系统示范区的应用场景一定少不了光伏的身影。

7.1　光伏发电发展现状与趋势

随着传统化石能源的逐渐枯竭、环境污染的日益严重，绿色可再生能源得到迅猛的发展。而太阳能是一种取之不尽的清洁的可再生能源，每天到达地球表面的辐射能量相当于数亿万桶石油燃烧的能量，太阳能开发与利用逐步成为各国政府的重点发展战略。

7.1.1　国外发展现状

自 20 世纪 70 年代全球爆发石油危机以来，太阳能光伏发电技术在西方发达国家引起了高度重视，各国政府从环境保护和能源可持续发展战略的角度出发，纷纷制定政策鼓励和支持太阳能光伏发电技术，光伏行业在全球迅速发展，美国和德国更是走在光伏发展的前列。

1. 美国光伏现状

美国是最先进行光伏产业发展及布局的国家之一，美国光伏行业政策主要有联邦财政激励计划和法律法规、标准、约束性指标等管理类政策两大类。其中联邦财政激励计划并不局限于补贴，而是以税收优惠为主，并对税收、贷款、担保等各项投融资流程均有惠及，旨在提高光伏行业的投资驱动力。

但是近年来，尽管各类补贴仍在继续，本应于 2016 年到期的光伏投资税减免政策（ITC）也被延续至 2020 年，但是相应政策优惠力度却在减小。以改进的加速成本回收系统（MACRS）中折旧补贴为例，美国太阳能行业协会（The Solar Energy Industries Association，SEIA）已经制定了逐步退出计划：2017 年前，50％折旧补贴；2018 降至40％；2019 为 30％；而在 2020 年之后完全退出。

在分布式光伏系统上，美国也有包括 ITC、绿证制度（REC）、资产评估性清洁能源贷款、净计量机制等在内的制度，相对于集中式光伏其政策优惠减缓力度较小。

2. 德国光伏现状

德国是世界第四、欧洲第一大经济体，其煤炭资源丰富，长期依赖煤电，现在仍有44％的一次能源消费来源于燃煤。德国从 2000 年开始颁布《可再生能源法》，通过确立新能源的优先权和上网电价补贴，风电和光伏发电的装机容量快速增长。

德国光伏补贴和德国促进可再生能源的相关立法迄今已有 20 多年历史，早在电力市场自由化改革之前，德国就开始探索如何由传统能源向可再生能源转型。1990 年德国颁布了《电力上网法》，规定了可再生能源补贴的相关政策。2000 年，该法正式被《可再生能源法》（Erneuerbare Energien GesetzEEG）替代，这标志能源转型上升为国家战略重点。自此德国可再生能源的发展进入黄金期。但德国的并网补贴自 2009 年后大幅减少。此外，德国政府宣布从 2016 年 3 月 1 日开始启动对安装光伏蓄电池的最新补助，2016 年6 月通过《可再生能源法》改革方案，德国自 2017 年起将不再以政府指定价格收购绿色电力，而是通过市场竞价发放补贴。

7.1.2　国内发展现状

党的十八大以来，国家将生态文明建设放在突出战略位置，积极推进能源生产和消费革命成为能源发展的核心任务，确立了我国在 2030 年左右二氧化碳排放达到峰值以及非化石能源占一次能源消费比例提高到 20％的能源发展基本目标，针对光伏、风电等新能源产业也进行了大力的支持。

近年来，我国光伏产业体系不断完善，技术进步显著，光伏制造和应用规模均居世界第一。截至 2020 年，国内光伏新增装机 48.2GW，创历史第二高，同比增加 60.1％；累计光伏并网装机容量达到 253GW，新增和累计装机容量均为全球第一，年内中国光伏发电量为 260.5TW·h，约占中国全年总发电量的 3.5％，预计 2021 年光伏新增装机量超过55GW，累计装机有望达到约 308GW。

经梳理，近几年国内光伏产业相关政策和报告见表 7-1。

表 7-1　　　　　　　　　　　国内光伏产业相关政策和报告

时　间	政　　策	基　本　内　容
2021 年 6 月	《关于报送整县（市、区）屋顶分布式光伏开发试点方案的通知》	开展整县（市、区）屋顶分布式光伏建设，有利于整合资源实现集约开发，有利于消减电力尖峰负荷，有利于节约优化配电网投资，有利于引导居民绿色能源消费，是实现"碳达峰、碳中和"与乡村振兴两大国家战略的重要措施

续表

时间	政　策	基　本　内　容
2021 年 6 月	《关于 2021 年新能源上网电价政策有关事项的通知》	2021 年起，对新备案集中式光伏电站、工商业分布式光伏项目和新核准陆上风电项目，中央财政不再补贴，实行平价上网。新建项目可自愿通过参与市场化交易形成上网电价，以更好体现光伏发电、风电绿色电力价值
2021 年 5 月	《关于 2021 年风电、光伏发电开发建设有关事项的通知》	2021 年户用分布式光伏补贴 5 亿元总补贴额，户用光伏补贴电价为 3 分/（kW·h）。明确风电＋光伏的保障性规模不低于 90GW，这是 2021 年风电、光伏新增装机的保底数据，即最低装机预期
2021 年 3 月	《中国碳中和之路》《中国 2030 年前碳达峰研究》《中国 2060 年前碳中和研究》	提出了以特高压电网引领中国能源互联网建设，加快推进"两个替代"，从而实现能源生产清洁主导、能源使用电能主导，能源电力发展、经济社会发展与碳排放"双脱钩"的系统减排路径
2020 年 12 月	《2019—2020 年全国碳排放权交易配额总量设定与分配实施方案（发电行业）》	生态环境部根据国家温室气体排放控制要求，综合考虑经济增长、产业结构调整、能源结构优化、大气污染物排放协同控制等因素，制定碳排放配额总量确定与分配方案，大力支持光伏、风电等新能源行业的发展
2020 年 10 月	《太阳能发电工程项目规范（征求意见稿）》	太阳能发电工程规范是太阳能发电工程项目的规划、建设、验收、运行及拆除等过程技术和管理的基本要求。以及新建、扩建和改建的太阳能发电工程项目的规划、建设、验收、运行及拆除，必须遵守本规范
2020 年 8 月	《关于开展"风光水火储一体化""源网荷储一体化"的指导意见》	结合当地资源条件和能源特点，因地制宜采取风能、太阳能、水能、煤炭等多能源品种发电互相补充，并适度增加一定比例储能，统筹各类电源的规划、设计、建设、运营，积极探索"风光储一体化"
2020 年 3 月	《2020 年光伏发电项目建设方案》	积极推进评价上网项目、有序推进需国家财政补贴项目、全面落实电力送出消纳条件、严格项目开发建设信息监测、保障了政策的延续性，有利于推进风电、光伏发电向平价上网的平稳过渡，实现行业的健康可持续发展
2019 年 5 月	《关于建立健全可再生能源电力消纳保障机制的通知》	通知要求按省级行政区域对电力消费规定应达到的可再生能源电量比重，包括可再生能源电力总量消纳责任权重和非水电可再生能源电力消纳责任权重。对各省级行政区域规定应达到的最低消纳责任权重，按超过最低消纳责任权重一定幅度确定激励性消纳责任权重
2019 年 1 月	《国家发展改革委　国家能源局关于积极推进风电、光伏发电无补贴平价上网有关工作的通知》	通知开展平价上网项目和低价上网试点项目建设；优化平价上网项目和低价上网项目投资环境；保障优先发电和全额保障性收购；鼓励平价上网项目和低价上网项目通过绿证交易获得合理收益补偿；促进风电、光伏发电通过电力市场化交易无补贴发展

7.2 光伏发电原理及分类

光伏是太阳能光伏发电系统的简称，光伏发电是利用半导体界面的光生伏特效应而将光能直接转变为电能的一种技术。主要由太阳电池板（组件）、控制器和逆变器三大部分组成，主要部件由电子元器件构成。太阳能电池经过串联后进行封装保护可形成大面积的太阳电池组件，再配合上功率控制器等部件就形成了光伏发电装置，如图 7-1 所示。

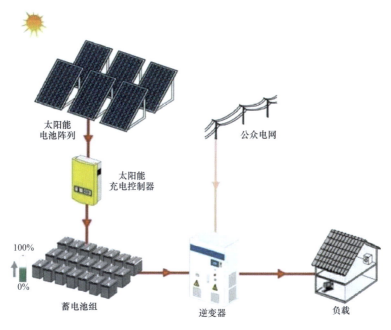

太阳能电池阵列

公众电网

太阳能充电控制器

100%

0%

蓄电池组　　　逆变器　　　负载

图 7-1　光伏发电装置

光伏组件是太阳能光伏发电系统中最关键的部件之一，它主要功能是将太阳光能转换为电能。按照制作材料的不同，光伏组件可分为晶硅组件和薄膜组件，在晶硅组件中，根据制作工艺的不同，又可分为单晶硅光伏组件以及多晶硅光伏组件。

7.2.1 光伏发电主要原理

光伏电池片是光伏组件的最小组成单元，其结构如图 7-2 所示，它由两种不同的硅材料层叠而成，硅材料的顶层及底层有用来导电的电极栅格，在光伏电池表面

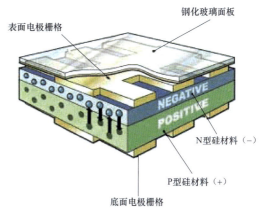

钢化玻璃面板

表面电极栅格

NEGATIVE

POSITIVE

N型硅材料（-）

P型硅材料（＋）

底面电极栅格

图 7-2　光伏电池片结构

通常用钢化玻璃作为保护层，在保护层与电极层之间涂有防反射涂层以增加太阳辐射透过率。

当半导体材料吸收的光子能量大于材料能级时，电子空穴对被激发并相向移动，通过外接电极与负载形成光生电流回路，光生电流使 PN 结上产生了一个光生电动势，这一现象被称为光生伏打效应（Photovoltaic Effect，PV）。光子的能量与其波长有关，因此半导体材料光伏电池表现出对光谱的选择特性。

目前应用最为广泛的主要是晶硅电池，这是由于晶体硅材料的能级与太阳辐射光谱的理论最大能量分布相一致，可最大限度地吸收太阳辐射能量，因而具有较高的光电转换效率。其中，单晶硅太阳能电池一般以高纯的单晶硅硅棒为原料制成，其光电转换效率较高，但制作成本相应较大。多晶硅光伏电池是以多晶硅材料为基体的光伏电池，制作工艺与单晶硅太阳电池类似，但由于多晶硅材料多以浇铸代替了单晶硅的拉制过程，因而生产时间缩短，制造成本大幅度降低。

光伏电池片输出功率很小，一般只有几瓦。为增大输出功率，采用专用材料通过专门生产工艺把多个单体光伏电池片串、并联后进行封装，即构成了光伏组件。光伏发电应用场合多种多样，所以所用光伏组件在封装材料和生产工艺上也不尽相同。常见的地面大中型光伏电站和屋顶式光伏电站一般使用钢化玻璃层压组件，也叫平板式光伏组件，其外形如图 7-3 所示。

从构成材料来讲，钢化玻璃层压组件主要由面板玻璃、硅电池片、两层 EVA 胶膜、TPT 背板膜及铝合金框和接线盒等组成，其结构如图 7-4 所示。

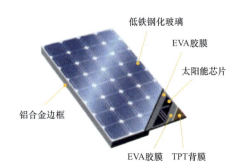

图 7-3　钢化玻璃层压组件外形　　　　图 7-4　钢化玻璃层压组件结构

7.2.2　光伏发电主要分类

1. 独立光伏发电

独立光伏发电也叫离网光伏发电，主要由太阳能电池组件、控制器、蓄电池组成，若要为交流负载供电，还需要配置交流逆变器。独立光伏电站包括边远地区的村庄供电系统，太阳能户用电源系统，通信信号电源、阴极保护、太阳能路灯等各种带有蓄电池的可以独立运行的光伏发电系统。

2. 并网光伏发电

并网光伏发电就是太阳能组件产生的直流电经过并网逆变器转换成符合市电电网要求的交流电之后直接接入公共电网。可以分为带蓄电池的和不带蓄电池的并网发电系统。带有蓄电池的并网发电系统具有可调度性，可以根据需要并入或退出电网，还具有备用电源的功能，当电网因故停电时可紧急供电。带有蓄电池的光伏并网发电系统常常安装在居民建筑；不带蓄电池的并网发电系统不具备可调度性和备用电源的功能，一般安装在较大型的系统上。

并网光伏发电有集中式大型并网光伏电站一般都是国家级电站，主要特点是将所发电能直接输送到电网，由电网统一调配向用户供电。但这种电站投资大、建设周期长、占地面积大，还没有太大发展。而分散式小型并网光伏，特别是光伏建筑一体化光伏发电，由于投资小、建设快、占地面积小、政策支持力度大等优点，是并网光伏发电的主流。

3. 分布式光伏发电

分布式光伏发电系统，又称分散式发电或分布式供能，是指在用户现场或靠近用电现场配置较小的光伏发电供电系统，以满足特定用户的需求，支持现存配电网的经济运行，或者同时满足这两个方面的要求。

分布式光伏发电系统的基本设备包括光伏电池组件、光伏方阵支架、直流汇流箱、直流配电柜、并网逆变器、交流配电柜等设备，另外还有供电系统监控装置和环境监测装置。其运行模式是在有太阳辐射的条件下，光伏发电系统的太阳能电池组件阵列将太阳能转换输出的电能，经过直流汇流箱集中送入直流配电柜，由并网逆变器逆变成交流电供给建筑自身负载，多余或不足的电力通过连接电网来调节。

7.2.3 光伏发电主要特点

1. 优点

太阳能光伏发电过程简单，没有机械转动部件，不消耗燃料，不排放包括温室气体在内的任何物质，无噪声、无污染；太阳能资源分布广泛且取之不尽、用之不竭。因此，与风力发电、生物质能发电和核电等新型发电技术相比，光伏发电是一种最具可持续发展理想特征（最丰富的资源和最洁净的发电过程）的可再生能源发电技术，具有以下主要优点。

（1）太阳能资源取之不尽，用之不竭，照射到地球上的太阳能要比人类目前消耗的能量大 6000 倍。而且太阳能在地球上分布广泛，只要有光照的地方就可以使用光伏发电系统，不受地域、海拔等因素的限制。

（2）太阳能资源随处可得，可就近供电，不必长距离输送，避免了长距离输电线路所造成的电能损失。

（3）光伏发电的能量转换过程简单，是直接从光能到电能的转换，没有中间过程（如热能转换为机械能、机械能转换为电磁能等）和机械运动，不存在机械磨损。根据热力学分析，光伏发电具有很高的理论发电效率，可达80％以上，技术开发潜力巨大。

（4）光伏发电本身不使用燃料，不排放包括温室气体和其他废气在内的任何物质，不污染空气，不产生噪声，对环境友好，不会遭受能源危机或燃料市场不稳定而造成的冲击，是真正绿色环保的新型可再生能源。

（5）光伏发电过程不需要冷却水，可以安装在没有水的荒漠戈壁上。光伏发电还可以与建筑物结合，构成光伏建筑一体化发电系统，不需要单独占地，可节省宝贵的土地资源。

（6）光伏发电无机械传动部件，操作、维护简单，运行稳定可靠。一套光伏发电系统只要有太阳能电池组件就能发电，加之自动控制技术的广泛采用，基本上可实现无人值守，维护成本低。

（7）光伏发电系统工作性能稳定可靠，使用寿命长（30年以上）。晶体硅太阳能电池寿命可长达20～35年。在光伏发电系统中，只要设计合理、选型适当，蓄电池的寿命也可长达10～15年。

（8）太阳能电池组件结构简单，体积小、重量轻，便于运输和安装。光伏发电系统建设周期短，而且根据用电负荷容量可大可小，方便灵活，极易组合、扩容。太阳能电池是一种大有前途的新型电源，具有永久性、清洁性和灵活性三大优点。太阳能电池不会引起环境污染，大到百万千瓦的中型电站，小到只供一户用电的独立太阳能发电系统，都能使用太阳能电池，这是其他电源无法比拟的。

2. 缺点

太阳能光伏发电也有它的不足和缺点，归纳起来有以下几点。

（1）占地面积大。由于太阳能能量密度低，这就使得光伏发电系统的占地面积会很大，每10kW光伏发电功率占地约需100㎡，平均每平方米面积发电功率为100W。随着光伏建筑一体化发电技术的成熟和发展，越来越多的光伏发电系统可以利用建筑物、构筑物的屋顶和立面，将逐渐克服光伏发电占地面积大的不足。

（2）转换效率低。光伏发电的最基本单元是太阳能电池组件。光伏发电的转换效率指光能转换为电能的比率。目前晶体硅光伏电池转换效率为13％～17％，非晶硅光伏电池只有5％～8％。由于光电转换效率太低，从而使光伏发电功率密度低，难以形成高功率发电系统。因此，太阳能电池的转换效率低是阻碍光伏发电大面积推广的瓶颈。

（3）间歇性工作。在地球表面，光伏发电系统只能在白天发电，晚上不能发电，除非在太空中没有昼夜之分的情况下，太阳能电池才可以连续发电，这与人们的用电需求不符。

（4）受气候环境因素影响大。太阳能光伏发电的能源直接来源于太阳光的照射，而地球表面上的太阳照射受气候的影响很大，长期的雨雪天、阴天、雾天甚至云层的变化都会严重影响系统的发电状态。另外，环境因素的影响也很大，比较突出的一点是，空气中的颗粒物（如灰尘）等沉落在太阳能电池组件的表面，阻挡了部分光线的照射，会使电池组件转换效率降低，造成发电量减少甚至电池板的损坏。

7.3　光伏电站建设与运维

7.3.1　光伏规划与建设

光伏发电站主要分为分布式光伏电站和集中式光伏电站，在未来社区中，所采用的基本为分布式光伏电站，分布式光伏电站的选址跟集中式光伏电站相比，差异还是很大的，本文从技术和商务两个方面对分布式光伏电站的规划和选址阐述需注意的问题。

1. 技术层面

（1）建筑物的高度。太高的建筑，是不适合安装光伏组件的。因为光伏组件单体面积大，越高风荷载越大，且施工难度大，二次搬运费用高，运行维护费用也较高。

（2）屋顶的可利用面积。屋顶的可利用面积直接决定了项目规模的大小，而规模效应直接影响项目的投资、运行成本和收益。如果建筑物的所有者在自己的屋顶建设项目，采用现有工人代维的方式，不设单独的运维人员；项目所发电量直接被使用，收益不需要分享，规模小的情况是可以接受的，但电力公司开展投资项目，就必须要综合考虑项目的投资规模效益、后期运维、收益分享模式等因素，进行项目收益测算。

（3）屋顶的类型与承载力。在未来社区中，安装光伏发电的屋顶一般有彩钢屋顶、砖瓦结构屋顶、平面混凝土屋顶 3 种。屋顶不同，光伏电站的安装方式不同，安装的电站面积也不同。

1）混凝土屋顶。适宜于建设屋顶分布式光伏电站的混凝土屋顶一般是平屋顶形式。混凝土屋顶一般采用混凝土配重块作为基础，它不破坏屋顶原有结构，而实际设计安装过程中，这种基础会有各种各样的形式，如条形基础、方形基础等，但基本原理都是一样的。混凝土屋顶由于采用配重块基础，配重块一般重 80～100kg，所以这种屋顶分布式光伏的安装方式对屋顶承重要求比较高。混凝土屋顶有上人屋面和不上人屋面之分，根据《建筑结构荷载规范》（GB 50009—2012）规定，上人屋面的活荷载的设计标准值为 $2.0kN/m^2$（$200kg/m^2$），不上人屋面的活荷载的设计标准值为 $0.5kN/m^2$（$50kg/m^2$）。因此，对于上人屋面，荷载不小于 $2.0kN/m^2$ 的屋顶，基本可以判定为适合建设这种形式的屋顶分布式光伏电站，而对于不上人屋面，一般不满足建设要求。

2) 彩钢瓦屋顶。彩钢瓦屋顶一般是厂房屋顶,根据彩钢瓦的规格一般分为角驰型彩钢瓦、直立锁边型彩钢瓦及梯形彩钢瓦,根据不同的彩钢瓦形式,可选择相应的夹具或者支座基础。彩钢瓦屋顶建设光伏电站,由于安装基础主要是夹具,重量并不是太大,所以对屋顶承载力要求并不是很高。彩钢瓦屋顶一般为不上人屋面,根据《建筑结构荷载规范》(GB 50009—2012)规定,不上人屋面的活荷载的设计标准值为 $0.5kN/m^2$($50kg/m^2$),此种荷载一般满足建设要求。

3) 瓦屋顶。瓦屋顶一般是民用建筑屋顶,瓦结构形式有各种各样的,但基本安装过程都是一样的。瓦屋顶光伏电站安装过程首先是根据瓦片的类型选择相应的挂钩,用螺栓将挂钩固定在屋顶木梁上,其次,根据屋顶荷载要求选择合适的导轨,用螺栓将导轨固定在挂钩上,最后,将安装好的压块滑入导轨中,放置好组件后,拧紧螺栓即可固定组件。

（4）接入方式和电压等级。在未来社区中,接入方式分单点接入和多点接入;电压等级一般分 380V、10kV 和 35kV。对于不同接入方式和电压等级,电网公司的管理规定是不一样的,以电网公司接收接入申请受理到告知业主接入系统方案确认单的时间为例,单点并网项目为 20 个工作日、多点并网项目为 30 个工作日。以 380V 接入的项目,接入系统方案等同于接入电网意见函;以 35kV、10kV 接入的项目,则要分别获得接入系统方案确认单、接入电网意见函,根据接入电网意见函开展项目备案和工程设计等工作,并在接入系统工程施工前,要将接入系统工程设计相关资料提交客户服务中心,根据其答复意见开展工程建设等后续工作。

2. 商务层面

（1）建筑物的产权。光伏电站投资者的屋顶使用成本一般体现为两种方式:①以租用屋顶的方式,每年付给产权人一定的租金;②合同能源管理模式,给电量消费者一个较低的电费,如现有电费的 90%。其中,合同能源管理模式应用比较广泛。建筑物的使用者是否拥有产权较为重要,若是拥有,则谈判相对简单;若使用者只是承租人,并不拥有产权,但却是未来光伏电量的消费者,则需要分别跟产权人和消费者分别进行协商,谈判成本和收益分享计划。

（2）建筑物的用途。在未来社区中,屋顶的来源有多种可能,如工业厂房、商业建筑、行政办公楼、医院、学校、居民住宅等。各类建筑物光伏接入特点见表 7-2。

表 7-2　　　　　　　　　　各类建筑物光伏接入特点

建筑类型	优　点	缺　点
社区工业	①面积大,可建设规模大; ②用电负荷大、稳定,且用电负荷曲线与光伏出力特点相匹配,可实现自发自用; ③用电价格高,项目预期收益高	部分企业主主动积极性不高

续表

建筑类型	优　　点	缺　　点
社区商业	①用电价格最高，项目预期收益高； ②用电负荷稳定，且用电负荷曲线与光伏出力特点相匹配，可实现自发自用	单体面积条少，大规模开发协调成本高
社区办公	①政府所有，容易协调； ②用电负荷曲线与光伏出力特点基本相匹配，可实现自发自用	①单体面积少； ②用电价格低，负荷低，项目预期收益较低
社区医院	①对光伏发电接受程度高，协调成本低； ②用电负荷大、稳定，且用电负荷曲线与光伏出力特点基本相匹配，可实现自发自用	单体可用面积有限
社区学校	①对光伏发电接受程度高，协调成本低； ②单体面积较大	用电负荷曲线与光伏出力特点不匹配，自发自用率较低
社区住宅	可利用面积最大	①用电价格低，项目预期收益低； ②用电负荷曲线与光伏出力特点不匹配，自发自用率较低

（3）负荷曲线。光伏电站的装机容量除了要考虑建筑物的可利用面积以外，还要考量消费者的负荷曲线。未来分布式的余电上网可能会按标杆电价结算，但目前来看，余电上网还是按脱硫标杆电价结算的。脱硫标杆电价往往比工业用电的电价低很多，如果光伏电量大部分上网，收益将较差。

7.3.2　光伏运维与管理

1. 光伏运行维护

（1）光伏数据采集系统。为了实时监测光伏发电系统的运行状态和工作参数，光伏系统就地配置数据采集系统，就地数据采集系统将数据采集后通过无线通道送至园区集中监控系统后台。

（2）电池组件的清洗。电池组件积尘影响发电效率，因此需对电池组件进行清洗，保证电池组件的发电效率。日常维护主要是每日巡视检查电池组件的清洁程度，不符合要求的应及时清洗，确保电池面组件的清洁。根据已建光伏发电项目的运行经验，组件表面洁净度对光伏系统的输出效率影响非常大，不带清洗系统的光伏发电系统，每次清洗后，输出功率均可以得到可观的提升。由于组件表面的清洁度直接影响到光伏系统的输出效率，因此运行期必须考虑对组件表面定期清洗。光伏阵列的电池组件表面的清洗可分为定期清洗和不定期清洗两种。其中定期清洗一般每季度进行一次，清洗时间安排在日出前或日落后；不定期清洗可分为恶劣气候后的清洗和季节性清洗。

1）恶劣气候分为大风、沙尘或雨雪后的清洗。每次大风或沙尘天气后应及时清洗。雨雪后应及时巡查，对落在电池面组件上的泥点和积雪应予以清洗。

2）季节性清洗主要指春秋季位于候鸟迁徙线路下的发电区域，对候鸟粪便的清洗。在此季节应每天巡视，发现电池组件被污染的应及时清洗。

（3）重点设备维护。

1）汇流箱。直流汇流箱的运行与维护应符合以下规定：①直流汇流箱不得存在变形、锈蚀、漏水、积灰现象，箱体外表面的安全警示标识应完整无破损，箱体上的防水锁启闭应灵活；②直流汇流箱内各个接线端子不应出现松动、锈蚀现象；③直流汇流箱内的直流熔丝的规格应符合设计规定；④直流输出母线的正极对地、负极对地的绝缘电阻应大于2MΩ；⑤直流输出母线端配备的直流断路器，其分断功能应灵活、可靠；⑥直流汇流箱内防雷器应有效。

2）直流/交流配电柜。

a. 直流配电柜的运行与维护应符合以下规定：①直流配电柜不得存在变形、锈蚀、漏水、积灰现象，箱体外表面的安全警示标识应完整无破损，箱体上的防水锁开启应灵活；②直流配电柜内各个接线端子不应出现松动、锈蚀现象；③直流输出母线的正极对地、负极对地的绝缘电阻应大于2MΩ；④直流配电柜的直流输入接口与汇流箱的连接应稳定可靠；⑤直流配电柜的直流输出与并网主机直流输入处的连接应稳定可靠；⑥直流配电柜内的直流断路器动作应灵活，性能应稳定可靠；⑦直流母线输出侧配置的防雷器应有效。

b. 交流配电柜的维护应符合下列规定：①交流配电柜维护前应提前通知停电起止时间，并将维护所需工具准备齐全，停电后应验电，确保在配电柜不带电的状态下进行维护；②在分段保养配电柜时，带电和不带电配电柜交界处应装设隔离装置；③操作交流侧真空断路器时，应穿绝缘靴、戴绝缘手套，并有专人监护；④在电容器对地放电之前，严禁触摸电容器柜；⑤配电柜保养完毕送电前，应先检查有无工具遗留在配电柜内；⑥配电柜保养完毕后，拆除安全装置，断开高压侧接地开关，合上真空断路器，观察变压器投入运行无误后，向低压配电柜逐级送电。

3）逆变器。逆变器的运行与维护应符合下列规定：①逆变器结构和电气连接应保持完整，不应存在锈蚀、积灰等现象，散热环境应良好，逆变器运行时不应有较大振动和异常噪声；②逆变器上的警示标识应完整无破损；③逆变器中模块、电抗器、变压器的散热器风扇根据温度自行启动和停止的功能应正常，散热风扇运行时不应有较大振动及异常噪声，如有异常情况应断电检查；④定期将交流输出侧（网侧）断路器断开一次，逆变器应立即停止向电网馈电；⑤逆变器中直流母线电容温度过高或超过使用年限，应及时更换。

2. 光伏并网管理

（1）系统接入。参照《国家电网公司分布式光伏发电接入系统典型设计方案》，并网发电系统在原有供配电的基础上进行并网，按原有变压器容量配置并网容量，确认整个系统的并网接入点。

（2）电气主接线。典型的光伏电站电气主接线大致可分为有汇流母线的接线方式（单个接入点）和无汇流母线的接线方式（多个接入点）两大类。其中有汇流母线的接线方式可分为单（双）母线和单（双）母线分段两种方式，无汇流母线接线方式可分为外桥接线和内桥接线两种方式。

（3）动态补偿滤波装置。考虑大量分布式光伏接入对电网的影响，可在分布式光伏并网接口处配置滤波器，防止谐波超限。光伏接入下滤波器参数配置见表7-3。

表7-3　　　　　　　　　　　光伏接入下滤波器参数配置

序号	光伏装机容量	备　注
1	30kW≤装机容量	常规并网接口箱
2	30kW≤装机容量≤50kW	并网接口箱，含30kvar动态补偿滤波装置
3	50kW≤装机容量≤100kW	并网接口箱，含50kvar动态补偿滤波装置
4	100kW≤装机容量≤250kW	并网接口箱，含100kvar动态补偿滤波装置
5	250kW≤装机容量≤500kW	并网接口箱，含200kvar动态补偿滤波装置
6	500kW≤装机容量≤1MW	并网接口箱，含400kvar动态补偿滤波装置
7	1MW≤装机容量≤2MW	并网接口箱，含800kvar动态补偿滤波装置

（4）主要电气设备选择。并网柜安装断路器、避雷器、并网开关等，配置计量装置及数据采集装置，用于采集用户光伏发电量相关数据。原计量表更换为双向计量表计，用于采集用户送入电力系统电量的相关数据。并网柜具体要求如下。

1）配备数字智能仪表，实现数据采集和显示。

2）根据用户原有配电网的布置情况，选择光伏并网柜，柜内选用并网断路器，根据短路电流水平选择开断能力，并需留有一定的裕度，且断路器应具备电源端与负荷端反接能力。

（5）绝缘配合及过电压保护。电气设备的绝缘配合，参照《光伏发电站防雷技术要求》（GB/T 32512—2016）确定的原则进行。在逆变器内进线回路装有过电压保护器可以防止单个电池板回路直接雷和感应雷电波串至其他电池板回路，迅速释放雷电波从而保护其他电池板不受雷电波损坏。在逆变器内交、直流侧均装设有过电压保护器，在0.4kV母线装设有浪涌，可以防止雷电波入侵和操作过电压。

7.4　"光伏＋多场景"应用

在未来社区中，光伏应用主要包含社区中的建筑应用（建筑区）、公共区域的配套设施应用（公共区）以及社区居民和家庭的生活应用（居民区）3类场景。

7.4.1 建筑区

1. 光伏＋商场

未来社区中，从商业的角度看，大型商超连锁、综合体都有优势的屋顶资源，这类企业大都是用电大户，如果将屋顶的能源进行合理利用将是一笔潜在的巨大财富。并且，这类企业房屋产权长，一般可以达到20年以上的使用权，更适合开发MW级以上的大型屋顶电站，不但为企业解决了用电问题，也是对社会经济环保效益的巨大贡献。商业屋顶光伏电站如图7-5所示。

图7-5　商业屋顶光伏电站

商业屋顶面积大，屋顶平坦，用电量大，用电价格高，故而装机容量大，发电量也大。而从投资角度来看，商业电站是较好的投资方式，在商业屋顶安装光伏电站，可有效盘活固定资产，节省峰值电费，获得不错的投资收益率，同时可降低商场内部温度，促进节能减排。

2. 光伏＋医院

医院作为能源消耗较高的公共服务机构，在未来的节能减排和降耗工作中面临很大的压力，积极探索绿色医院建设及发展模式，促进绿色建筑理念及节能降耗技术的科学运用尤为重要。

据卫健委统计，截至2018年3月底，全国共有医院3.1万个，社区卫生服务中心3.5万个，乡镇卫生院3.7万个，村卫生室63.3万个，诊所（医务室）21.6万个，专业公共卫生机构2.0万个，这些都将是未来社区的重要组成部分，也是光伏＋医院的重要应用场景。社区医院屋顶光伏电站如图 7－6 所示。

图 7－6　社区医院屋顶光伏电站

3. 光伏＋学校

在未来社区中,学校也是未来社区的组成部分,光伏也吸引了各大学校的青睐,已经有很多的学校利用学校中的教学楼、饭堂以及宿舍屋顶装设光伏电站。学校拥有较为广阔的屋顶,结构好,用电量稳定,且学校所处地区相对周边环境而言拥有更多的太阳能资源,日照稳定。学校也有足够多的教室或寝室作为储能蓄电池室和控制室,相比于一些家庭和企业来说有得天独厚的优势。学校屋顶光伏电站如图 7－7 所示。

图 7－7　学校屋顶光伏电站

学校作为政府的教育机构,有良好的信誉度,土地产权明确,融资相对容易;学校运营稳定,一般不会有较大幅度改造,几乎不存在分布式光伏电站的存续风险问题;安装光伏电站可起到节能减排的作用，推动建设环保节约型校园，让学生对新能源有更加直接的认识，激发学生研究新能源的热情。

7.4.2　公用区

1. 光伏＋交通

光伏发电在交通领域的应用十分广阔。由于一般城市轨道交通配置有大面积停车场、车辆段、地面及高架车站、高架区间、地面出入口等，具有应用光伏发电系统的广阔空间，"光伏＋交通"具备极大的市场潜力。而随着光伏发电应用模式的越来越多样化，各种"光伏＋交通"项目已经屡见不鲜。

未来社区中，伴随着社区的一体化，光伏＋公交站、光伏道路等应用场景将进一步建设。这些光伏电站不但建设在屋顶、地面之上，而且有的还安装在幕墙上。分布式光伏电站还可以安装在车辆甚至是路面上，这些场景应用让人们看到了光伏的广大发展前景。车辆顶部光伏电站如图 7-8 所示。

图 7-8　车辆顶部光伏电站

2. 光伏＋车棚/停车场

光伏车棚是一种与建筑相结合最为简易可行的方式，光伏融入车棚、走廊等设施中，再配以充电桩等设施，既可以提高城市空间综合利用率，又能最大化的方便市民出行。光伏车棚具备遮阳挡雨、吸热性好，还可实现光（储）充一体，为新能源汽车、电瓶车提供清洁能源，在未来社区中有着越来越广泛的应用。

光伏车棚支架型式多样，常规的可以分为单柱单向、双柱单向、单柱双向等型式。光伏车棚主要由支架系统、电池组件阵列、照明及控制逆变系统、充电装置系统和防雷及接地系统组成。支架系统主要包括支撑立柱、固接在支撑立柱之间的斜梁、接在斜梁上用于支撑太阳电池组件阵列的檩条及固定电池组件阵列的紧固件等。车棚屋顶光伏电站如图7-9所示。

图7-9　车棚屋顶光伏电站

3. 光伏+物流/仓储中心

物流中心通过产业园区建设、新能源发展与互联网的有机结合，打造新能源、物流与电子商务三大板块融合发展，构建一个集物流产业、新能源产业及电子商务于一体的具有公共性、开放性的服务平台，实现对物流企业、新能源企业、电子商务企业及商贸企业的培植、孵化，形成独具特色的绿色商业生态圈，如图7-10所示。

图7-10　仓储物流中心屋顶光伏

未来社区中，这些仓储物流中心的屋顶及闲置土地与光伏结合后，都能产生极大的经济和环保效益。

7.4.3 家居区

1. 光伏＋家庭

家庭光伏，主要是指在家庭的自有屋顶安装和使用分布式太阳能发电的系统，家庭光伏具有安装容量小、安装点多、并网流程简单、收益明显直接的特点，也是国家补贴最高的一种分布式光伏发电应用形式。家庭屋顶光伏电站如图7-11所示。

图7-11　家庭屋顶光伏

家庭光伏市场分为农村家庭光伏及城市家庭光伏两大类。农村家庭光伏主要集中在农村自建住房以及新农村统一建设住房，一般是低层建筑。城市家庭光伏主要集中在高档别墅区，以及城市周边的城中村自建房。

2. 光伏＋热水器

光伏热水器简称"光电能"，也称"光伏中央热水器"，如图7-12所示。光电能热水器就是把太阳光转换的电能运用到热水中，通过光伏电热棒对水加热，以供热水和取暖使用，消耗能源的成本近乎为0，只有在阴雨天气才配合很少的"谷电"进行互补加热，既环保又节能，是传统的太阳能热水器、阳台壁挂太阳能热水系统、空气源热水器和电热水器无与伦比的替代产品。

光伏热水器带有承压储热的热水箱，根据热量是热上冷下的自然传递原理，采取立式结构，上进冷水、上出热水，桶体底部安装光电加热器时，可实现对整桶水全部加热。中间安装时则只对上半桶水加热，可以快速升温并节省电能。控制器可默认设置"谷电"加热，以实现白天用水晚间加热。光伏热水器的功能优于现有市场上常见的储热水箱，而且可以单独使用，足以替代普通热水器和空气能热水器。光伏板与热水器连接只需要两根导线，安装方便简捷，安全有保障。

3. 光伏＋背包

太阳能背包是通过吸收太阳能并将太阳能转变为电能，储存在内置的蓄电池内，根据不同的接口，给各种不同的手机或电子产品进行充电或供电，适合野外没有电时的应急使用。太阳能背包如图 7 - 13 所示。

图 7 - 12　光伏热水器

图 7 - 13　太阳能背包

太阳能背包在外形上看起来就像一个普通的背包，但不同的是，在它的前面有一个太阳能板。这个太阳能板能吸收太阳能，并能把太阳能转换成电荷，同时它把所吸收到的电荷储存在一个发电盒中。这个发电盒就藏在背包的最里面，并和手机、MP3、数码相机的充电器直接相连。

第8章

社 区 低 碳 交 通

城市是全球碳排放的主要来源，社区作为城市中最大的功能构成和人类城市生活的起讫点，存在很大的节能减排空间。人类的生产、生活都离不开出行，无论距离长短都少不了交通工具的使用。为了营造良好的社会环境，打造舒适、便捷、合理的社区交通环境，需要对社区内的交通形式、交通结构进行调整和优化，同时结合新兴技术，安全高效地实现"低碳出行"。

低碳交通可定义为以步行、公共交通、自行车及环保驾车为主，同时充分利用电动汽车调度灵活、可与电网进行能量交互等特点，实现社区交通的能量供需平衡，打造一个慢行、智能、高效、安全的社区家园。

8.1 社 区 交 通

8.1.1 公共交通

公共交通系统由道路、交通工具、站点设施等物理要素构成，其优先建设对于缓解城市交通拥堵、促进节能减排、可持续发展具有重大意义。《国民经济和社会发展第十三个五年规划纲要》明确规定要"建设现代高效的城际城市交通"，并提出将"实行公共交通优先，加快发展城市轨道交通、快速公交等大容量公共交通，鼓励绿色出行"纳入国家基本公共服务体系，首次将公交优先发展战略上升为国家战略。公交优先的策略充分体现战略化、系统化的原则，要从城市宏观管理做起，其核心内容其实就是在保障城市生活水平的前提下，如何在路权的分配上既满足公众利益，也满足低碳要求，在公平的基础上给予公共交通高于小汽车的优先通行权。

1. 公共汽车

公共汽车是客车类中大、中型客车的典型车型，是为专门解决城市运输而设计及装备的商用车。公共汽车的分类有多种，按照运行区间可以分为短途（市区内）和长途（市区间）公共汽车；按照燃料种类可以分为燃油、燃气和电动公共汽车；按照车型结构可分为单层、双层、铰接式公共汽车等。最初城市公共汽车大都由载货汽车底盘改装而成，现代城市公共汽车的底盘一般都是根据客车的要求专门设计和制造而成。发达国家的城市公共汽车均已实行无人售票，配备自助收款机或验票机，中国的公共汽车除市郊外也已基本实现无人售票。

电动公交车主要是指纯电动公交车，以车载电源为动力，可选配合适的车载蓄电池或电缆供电设备提供电能驱动行驶，可在各种中大型社区内投入使用。图8-1所示的电动公交车全部使用电能行驶，噪声小、行驶稳定性高，并且可实现零排放。

图8-1 电动公交车

2. 共享（电）单车

共享（电）单车可以有效解决城市居民采用公共交通出行的"最后一公里"这一主要障碍，也是建设低碳社区、绿色城市过程中有效的出行方式，如图8-2所示。共享（电）单车的快速发展给城市交通系统带来了极大改变，特别是在城市轨道社区接驳方面，出行者可选择的接驳方式增多，城市接驳服务水平也得到极大提高。但因此也出现了许多问题，如共享（电）单车停靠点位置与停靠点规模未进行统一规划，部分停靠点服务范围重叠，共享单车占道现象频生；共享（电）单车接驳方式的出现对现阶段存在的常规、通勤公交接驳产生较大影响等，这些都是需要完善的问题。

（a）   （b）

图8-2 共享（电）单车
（a）共享单车；（b）共享电单车

相比共享单车，共享电单车主要针对人们中远距离的出行需求，其服务范围更广，可以满足用户3～10公里的中短途出行，成为介于自行车和汽车之间的一个过渡出行方式。共享电单车的优点很明显，不仅省时省力、方便快捷，相较于私家车出行更为绿色低碳，同时它面向的人群更多元。但相应随之而来的是中高速带来的安全问题和电池回收带来的环保问题。这就需要政府加强引导居民学习道德规范和交通安全法规，需要企业在这项工程中提供宣传保障，从而建设并维护良好的文明城市环境。

8.1.2 电动汽车

1. 基本情况

"新能源汽车是战略性新兴产业之一，引导该行业加快发展也是中国实现碳达峰、碳中和目标的重要措施之一，符合中国以及全球的产业发展趋势"。电动汽车（Electric Vehicle，EV）在这样的目标引领下，发展态势良好，成为众多家庭青睐的汽车产品，如图8-3所示。据国家统计局网站国民经济和社会发展统计公报显示，2018年全球电动汽车保有量已达到512万辆，2020年我国全年新能源汽车产量145.6万辆。2021年7月统计显示，充电桩增速升至97.3%，新能源汽车增速达到1.6倍。预计到2030年，中国将以57%的市场份额稳居世界第一，电动汽车的大规模集成将引领交通电气化的革新。城市行驶对汽车的行驶速度要求不高，对于多数上班族来说，电动汽车往往是首选。

图8-3　电动汽车

从电动汽车自身结构来说，它是指以车载电源为动力，用电机驱动车轮行驶，符合道路交通、安全法规各项要求的车辆，其工作原理为：蓄电池→电流→电力调节器→电动机→动力传动系统→驱动汽车行驶。电动汽车的组成包括电力驱动及控制系统、驱动力传动等机械系统、完成既定任务的工作装置等。其中，电力驱动及控制系统是电动汽车的核心，也是区别于内燃机汽车的最大不同点，它由驱动电动机、电源和电动机的调速控制装置等组成。由于电动汽车对环境的影响相对传统汽车较小，其前景被广泛看好。电动汽车的种类包括纯电动汽车、混合动力汽车和燃料电池汽车。

从电动汽车能源利用方面来说，其能源效率高，已超过汽油机汽车。有研究表明，同样的原油经过粗炼，送至电厂发电，经充入电池，再由电池驱动汽车，其能量利用效率比经过精炼变为汽油、再经汽油机驱动汽车高,因此有利于节约能源和减少二氧化碳的排量。并且,电动汽车的应用可有效地减少对石油资源的依赖,可将有限的石油用于更重要的方面。电动机的驱动电能来源于车载可充电蓄电池或其他能量储存装置,向蓄电池充电的电力可以由煤炭、天然气、水力、核能、太阳能、风力、潮汐等能源转化。

而电动汽车最为重要一点特征是:可以与电网进行能量交互。晚间,可以充分利用用电低谷时富余的电力向蓄电池充电,避开用电高峰,使发电设备日夜都能充分利用,均衡电网负荷,大大提高经济效益。汽车制动期间,电动机可自动转化为发电机,将制动减速时的能量回收再利用。2009 年,我国正式提出智能电网建设目标,提高电网与发电侧及需求侧的交互响应能力,通过电网规划、电网运行调度及用户用电行为分析,为电动汽车在交通系统中的渗透与充放电管理奠定了基础。智能电网电力和信息双向交互的特点使风机、光伏、储能电池等分布式能源能够以即插即用的方式并网运行,意味着电动汽车可作为储能设备向电网供电以发挥辅助协调作用,双向电动汽车已经成为智能电网建设的重要部分。正是这些优点,使电动汽车的研究和应用成为汽车工业的一个"热点"。因此,无论在哪项研究中,电网和有电动汽车参与的交通网都不能看成孤立的个体,他们互相影响,彼此耦合。

充电桩作为电动汽车与电网实现能量交互的中间设施,承担着重要的角色。在耦合网络中高效地嵌入充电设施,合理引导交通流量及能源分配,缓解节点拥堵,加快交通速度,降低能源失衡已成为迫切需要。在汽车充电网络、充电设施建设的推进过程中,亟待突破的难题就是充电服务网络布点问题。电力部门依托现有的停车场设施,因地制宜地建设微电网、分布式、综合化的可充可换全功能充电站。从国外发展情况来看,尽管国外主要发达国家的充电设施建设还处于起步阶段,但是政府支持力度非常大。从国内发展情况来看,近几年来,我国已经投产了一定数量的充电站与充电桩,充电方式有快充、慢充、换电池等多种,先期的工作为后续建设提供了宝贵经验。当下,国家电网公司、南方电网公司、普天海油、中石化等企业已经与多数地方政府签订了战略合作协议,制定了较为明确的建设目标和计划,充电站建设开始呈现加速发展的势头。社区低碳慢行交通在满足社区内部的交通之外,还要满足社区外部与内部交通有效低碳衔接,以及形成电动汽车与电网之间的能量交互。

2. 电池介绍

电动汽车的电池分蓄电池和燃料电池两大类。蓄电池适用于纯电动汽车,包括铅酸蓄电池、镍氢电池、钠硫电池、二次锂电池、空气电池、三元锂电池等。燃料电池专用于燃料电池电动汽车,包括碱性燃料电池(AFC)、磷酸燃料电池(PAFC)、熔融碳酸盐燃料电池(MCFC)、固体氧化物燃料电池(SOFC)、质子交换膜燃料电池(PEMFC)、直接甲醇燃料电池(DMFC)等。

在仅装备蓄电池的纯电动汽车中,蓄电池的作用是汽车驱动系统的唯一动力源。而在装备传统发动机（或燃料电池）与蓄电池的混合动力汽车中，蓄电池既可扮演汽车驱动系统主要动力源的角色，也可充当辅助动力源的角色。在低速和启动时，蓄电池扮演的是汽车驱动系统主要动力源的角色；在全负荷加速时，充当的是辅助动力源的角色；在正常行驶或减速、制动时充当的是储存能量的角色。

燃料电池阳极的作用是为燃料和电解液提供公共界面，并对燃料的氧化产生催化作用，同时把反应中产生的电子传输到外电路或者先传输到集流板后再向外电路传输。阴极（氧电极）的作用是为氧和电解液提供公共界面，对氧的还原产生催化作用，从外电路向氧电极的反应部位传输电子。由于电极上发生的反应大多为多相界面反应，为提高反应速率，电极一般采用多孔材料并涂有电催化剂。

8.1.3　其他

步行的出行方式也要大力提倡，它不仅仅可以节省交通的公共资源，而且对于城市居民的身体健康也起到了重要的作用。在建设规划过程中，要进行人行道的合理规划，在重要的多车道的路口，建立过街天桥等交通辅助设置，确保行人的安全。

在社区层面，目前国外出现了一种特殊的模式——社区交通，其主要由非营利性志愿组织运营。社区交通通过提供门到门服务或是提供与地区公共交通的链接服务来满足用户的交通需求，其用户主要是被社会排斥的群体，包括居住在交通不便地区的居民和出行困难人员，如老人、低收入群体、残疾人等。这些人员由于健康原因、收入低，身体有残疾或是居住地点比较偏远等原因而不能很好地融入社会，费用较高的出租车、私人交通以及收费低廉但有固定线路的公共交通都不能满足他们日常出行工作或生活、娱乐的需求。

8.2　社区低碳交通技术

8.2.1　电动汽车 V2G 技术

1. 电动汽车 V2G 技术简介

研究表明，超过 90% 的电动汽车在充电站停留时间远远大于充电时长，在充电站内大部分时段处于闲置状态，因此利用大规模电动汽车资源作为电网和新能源缓冲的 V2G（Vehicle-to-Grid）技术应运而生。V2G 技术即为电动汽车到电网，其核心思想是利用电气、通信、电子、计算机等专业知识描述电动汽车与电网之间双向互动的关系。V2G 技术可以有效管理电动汽车的充放电过程，将电动汽车负荷对电网的冲击最小化，同时充分利用电动汽车电池资源作为电网和可再生能源的缓冲，增加电网能量管理的灵活性和稳定性。V2G 模式如图 8-4 所示。

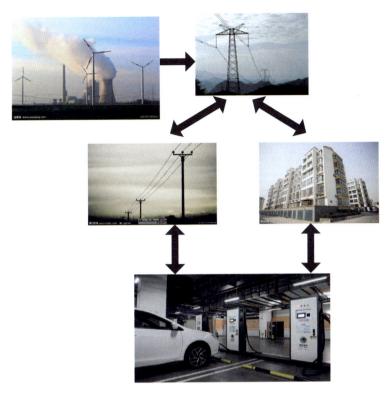

图 8-4 V2G 模式示意图

在 V2G 模式下，由于可再生能源具有间歇性、波动性、容易受外界环境影响等特点，因此发出的功率具有很大的随机波动性，不利于电网的安全稳定运行。大规模电动汽车通过 V2G 技术接入电网能够作为可控的"分布式"负荷和储能装置，能够有效消纳新能源发电，抑制功率波动，提高系统运行的安全性和稳定性；同时接入的电动汽车也可以作为分布式的储能系统，在电力需求小、用电低谷时向电网购电给电池进行充电，在电力需求大、用电高峰时将电池中的电能回馈给电网，这样既可以达到削峰填谷的作用，也可以为车主获取一定的经济效益，提高用户与电网互动的积极性。

当然电动汽车也不能随意地、毫无管理地接入到电网中，如果电网正处于峰值负荷需求，大量汽车的充电需求必然会对电网产生极其严重的影响。然而，对于汽车而言，除了为电网提供辅助服务外，还必须能够满足日常的行驶需求。因此，在向电网回馈电能的过程中，必须兼顾汽车自身的能量存储状态，以避免影响汽车的正常使用。所以 V2G 技术不仅仅是实现电动汽车向电网送电，还要协调汽车与电网间的充电和放电。

2. 电动汽车传导充电系统

电动汽车传导充电系统是实现 V2G 技术的最基本保障，该系统的作用是将交流或直流电网（电源）调整为校准的额定电压和额定电流，为电动汽车动力电池提供电能，也可额外地为车载电气设备供电。我国发布并实施的《电动汽车传导充电用连接装置　第1部分：通用要求》（GB/T 20234.1—2015）参考了国际各国的充电标准，结合我国电压制定了各类交流和直流充电装置校准后的额定值，如表 8-1 所示。

表 8-1　　　　　　　　　交流和直流充电装置校准后的额定值

交流充电	额定电压/V	250、440、690
	额定电流/A	10、16、32、63、125、250
直流充电	额定电压/V	400、750、1000
	额定电流/A	125、200、250、400
信号或控制	额定电压（DC）/V	0～30
	额定电流（DC）/A	2
低压辅助电源	额定电压（DC）/V	0～30
	额定电流（DC）/A	20

目前有 4 种国家规范的连接电网（电源）给电动汽车供电的模式，具体使用条件如下。

（1）模式 1：将电动汽车连接到交流电网（电源）时，在电源侧使用了符合《家用和类似用途插头插座　第 1 部分：通用要求》（GB/T 2099.1—2021）和《家用和类似用途单相插头插座　型式、基本参数和尺寸》（GB/T 1002—2021）要求的插头插座，能量传输过程中应采用单相交流供电，且不允许超过 8A 和 250V。在电源侧使用了相线、中性线和接地保护的导体，并且在电源侧使用了剩余电流保护装置。从标准插座到电动汽车应提供保护接地导体。

（2）模式 2：电动汽车连接到交流电网（电源）时，电源侧使用符合 GB/T 2099.1—2021 和 GB/T 1002—2021 中要求的 16A 插头插座时，输出不能超过 13A，使用 10A 插头插座时，输出不能超过 8A，能量传输过程中应采用单相交流供电。在电源侧使用了相线、中性线和接地保护的导体，并且在充电连接时使用了缆上控制与保护装置（IC-CPD）。

（3）模式 3：将电动汽车连接到交流电网（电源）时，使用了安装控制导引装置的专用供电设备，并且在电动汽车供电设备上安装专用保护装置。如果电动汽车供电设备具有一个及一个以上可同时使用的模式 3 连接点（供电插座），每一个连接点应具有专用保护装置，并确保控制导引功能可独立运行。采用模式 3 单相供电时，电流不大于 32A，且应具备剩余电流保护功能。

（4）模式 4：将电动汽车连接到交流电网或直流电网时，使用了带控制导引功能的直流供电设备。

在上述 4 种模式下电网（电源）通过电动汽车传导充电连接装置实现电网给电动汽车进行供电，电动汽车传导充电连接装置是在电动汽车充电时，连接电动汽车和电动汽车充电设施的组件，除电缆外，还可能包括供电接口、车辆接口、缆上控制保护装置和帽盖等部件。充电连接装置示意图如图 8-5 所示。

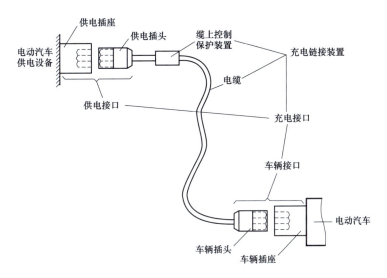

图 8-5 电动汽车传导充电连接装置示意图

3. 电动汽车接入电网的连接方式

目前国内有以下 3 种将电动汽车接入电网的连接方式。

（1）连接方式 A：将电动汽车和交流电网连接时，使用和电动汽车永久连接在一起的充电电缆和供电插头，如图 8-6 所示。

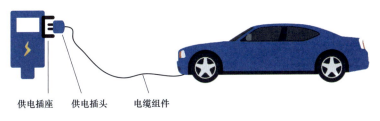

图 8-6 连接方式 A

（2）连接方式 B：将电动汽车和交流电网连接时，使用带有车辆插头和供电插头的独立的活动电缆组件，如图 8-7 所示。

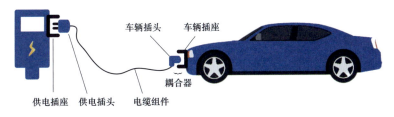

图 8-7 连接方式 B

（3）连接方式 C：将电动汽车和交流电网连接时，使用和供电设备永久连接在一起的充电电缆和车辆插头，如图 8-8 所示。

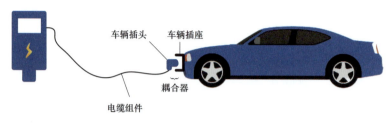

图 8-8　连接方式 C

4. 电动汽车充放电设施（充电桩）

电动汽车充放电设施（充电桩）是电动汽车和电网互动技术关键设备，由电动汽车传导充电系统以及传导充电连接装置共同构成。其功能类似于加油站里面的加油机，它不仅能给车充电，还能通过并网，将电能反馈给电网，把车变成一个"移动充电宝"，创新能源消费体验，助力实现"碳达峰、碳中和"目标。充电桩的输入端与交流电网直接连接，输出端都装有充电插头用于电动汽车充电。充电桩一般提供常规充电和快速充电两种充电方式，人们可以使用特定的充电卡在充电桩提供的人机交互操作界面上刷卡使用，进行相应的充电方式、充电时间、费用数据打印等操作，充电桩显示屏能显示充电量、费用、充电时间等数据。

电动汽车充电设施按安装方式可分为落地式充电桩和挂壁式充电桩，落地式充电桩适合安装在不靠近墙体的停车位，挂壁式充电桩适合安装在靠近墙体的停车位。按安装地点可分为公共充电桩、专用充电桩和自用充电桩，公共充电桩是建设在公共停车场（库）结合停车泊位，为社会车辆提供公共充电服务的充电桩；专用充电桩是建设单位（企业）自有停车场（库），为单位（企业）内部人员使用的充电桩；自用充电桩是建设在个人自有车位（库），为私人用户提供充电的充电桩。按充电方式可分为为小型电动汽车充电的交流充电桩和为公交、环卫、邮政等公共服务车辆服务的直流充电桩。虽然分类方式多样，但最终目的还是要完成对电动汽车的充放电操作。双向充电桩充放电示意如图 8-9 所示。

（1）交流充电桩。交流充电桩为小型带有车载充放电机的电动汽车服务，通常说的专用充电桩和自用充电桩就是交流充电桩。这种充电桩只需要接入 220V 电源即可以使用，分散地安装在低压配电网中，由于充电功率最大不超过 7kW，充电负荷较小，很多具备安装条件的小区用的最多的就是这种充电桩，如图 8-10 所示。

交流充电桩将电动汽车与电网相连接，具有智能充放电控制功能，能够与充放电管理系统及电动汽车通信，实时掌握电网运行状态与电动汽车储能状态，智能地控制电动汽车的车载充放电机进行合理充放电操作，在电网低谷时段或电动汽车有刚性充电需求时，为电动汽车提供交流电源，对电池进行充电。在电网高峰时段且电池电能富余时，由车载充放电机通过交流充电桩为电网供电。随着未来电动汽车车载充放电机与车辆电机驱动系统结合，充放电功率能够增加到数十千瓦，可有效满足电动乘用车车载电池容量逐步增加的充电需求，并能够为电网提供更大的放电功率，缩短电动乘用车充电时间。同时，交流充电桩体积小、占地少、布设灵活，并且使用标准接口及市电供电电压，极大地降低了电动汽车用户充电桩的建设成本，也使用户的使用成本相对减少。因此，交流充电桩非常适合安装在未来社区家庭车位。

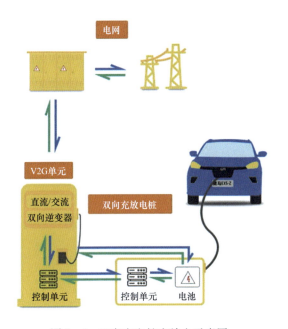

图 8-9　双向充电桩充放电示意图

图 8-10　电动汽车交流充电桩

交流充电桩具备的主要功能如下。

1）充电安全可靠。充电桩能够安全可靠的运行，防雷、防漏电、抗干扰能力强；能够迅速准确地判断、处理突发故障，且能够记录故障信息，便于故障排除。

2）人机交互智能、友好。作为自助充电设备，充电桩的人机交互模块应具有直观清晰的全中文图像化界面，用户可根据提示进行充电模式、充电参数等设置，完成自助充电，且在关键步骤添加语音提醒，辅助用户操作。

3）用户身份识别。通过与读卡模块配套的专用充电卡进行刷卡充电；通过专用的管理卡配合桩体密码进入系统设置界面，进行充电桩系统参数设置。

4）充电计时、计费准确。通过软件定时器统计充电时间；通过电能计量单元计量充电电量等参数，且根据内部计费规则，计算用户消费金额。

5）充电状态的安全监控。实时读取桩体的输入、输出电压、电流，防止出现欠压、过压、过流以及充电电流过低的状况；同时要具备可通过手动或远程管理系统下发停止命令实现紧急停止充电的急停功能。

6）充电桩能够利用可靠的无线网络技术实现与后台监控系统之间的数据交互，实现联网监控的功能。充电桩通过无线网络模块向远程管理系统发送用户信息、充电状态参数、故障信息等数据；远程管理系统可主动对充电桩发送命令，实现远程启停控制、参数修改、参数读取等功能。

（2）直流充电桩。公交、环卫、邮政等社会公共服务用车具有城市区域行驶、停车场地固定、行驶路线固定、行驶里程相对稳定等特征，适宜在停车场所建设集中充放电站。由于社会公共服务用车车载电池容量很大，充电功率也很大，因此将采用地面直流充电桩对其进行充放电操作。由于充放电站的集中性，可在站内配置充放电管理系统，统筹安排站内电动汽车的充放电操作。直流充电桩是通过内部 AC‒DC 模块，将交流电转为直流电，给电动汽车内的电池进行充电，常规功率等级划分为单枪和双枪两种类型，单枪一般包括 30kW 和 60kW 两种功率，双枪常规包括 60、120、60kW 功率叠加等功率，输出电压等级包括 200～450、300～750、200～750V 等常规电压等级，市场主流类型包括立体式充电机、一体式直流充电机、分体式直流充电机。一体式双枪直流充电桩是针对一拖二应用场合而研制的新一代智能化快速充电设备，如图 8‒11 所示，可同时实现轮循和均衡两种充电模式，其依据接入电车的数量，进行智能选择充电模式，也可手动设置模式，可在 0.5～1 小时内将电车充满。

分体式充电站用充电系统由充电机和充电桩组成，如图 8‒12 所示。充电机为充电桩提供稳定可靠的交、直流电源，充电桩完成对电动汽车的充电控制和充电操作。分体式充电站用充电系统中充电桩配置一个交流充电口和一个直流充电口，既可用于有车载充电机的电动汽车充电，也可用于非车载充电机有电池管理系统的直流充电。

图 8‒11　一体式直流充电桩

图 8‒12　分体式充电站用充电系统

直流充电桩具备的主要功能如下。

1）通过 CAN 总线与动力电池管理系统通信，用于判断动力电池类型，获得动力电池系统参数以及充电前和充电过程中动力电池的状态参数；通过 CAN 总线或工业以太网与充放电管理系统通信，上传充电机和动力电池的工作状态、工作参数、故障报警等信息，接受控制命令。

2）具有为电动汽车动力电池系统安全自动地充满电的能力，依据电池管理系统提供的数据，动态调整充电参数、执行相应动作，完成充电过程。

3）具备接受电动汽车充放电管理系统控制命令，自动进行充放电操作的功能。

4）具有人机交互功能。应显示的信息包括动力电池类型、充放电模式、充放电电压、充放电电流；在手动设定过程中应显示人工输入信息；在出现故障时应有相应的提示信息；具有实现外部手动控制的输入设备，以便对充放电机参数进行设定。

5）嵌入安装双向计量表计，具备双向计量计费功能。

6）具有完备的安全防护功能；具备电源输入侧的过压保护功能、具备电源实时输入侧的欠压报警功能、具备直流输出侧过流保护功能、具备防输出短路功能、具备急停开关。

7）具备孤岛保护功能，具有阻燃功能。

8）具备软启动功能，启动冲击电流不大于额定电流的 110%。

9）能够判断充放电连接器、充放电电缆是否正确连接。当充放电机与电动汽车电池系统正确连接后，充放电机才能允许启动充放电；当充放电机检测电站到与电动汽车动力电池系统的连接不正常时，必须立即停止充放电操作。

10）在充电过程中，能够保证动力电池的温度、充电电压和充电电流不超过允许值；在放电过程中，能够保证动力电池的温度、放电电流不超过允许值，放电电压不低于允许值。

8.2.2　快速换电技术

1. 电动汽车换电技术简介

电动汽车换电技术主要是通过集中型充电站对大量电池集中存储、集中充电、统一配送。并在电池配送站内对电动汽车进行直接更换电池组来达到为电动汽车充电的目的。换电技术有利于提高电池的充电效率，更换下来的蓄电池可以利用低谷时段进行充电，更加合理地配置了电力资源，提高了车辆运行经济性。换电站的电池维护人员可以及时发现电池组中存在的各类问题，提高电池的使用寿命。根据换电车辆电池位置划分，电池更换模式有：①底部电池更换模式，即安装在车体底部时的电池箱更换方式；②侧向电池更换模式，即安装在车体两侧时的电池箱更换方式；③端部电池更换模式，即安装在车体前后舱时的电池箱更换方式；④顶部电池更换模式，即安装在驾驶室后面的电池箱更换方式；

⑤中置电池更换模式，即安装在车体中轴的电池箱更换方式。

2. 电动汽车换电技术优劣势对比

充电模式与换电模式优劣势分析如图8-13所示。

充电模式 **换电模式**

* 慢充等待时间过长

* 快充影响电池循环寿命

* 快充电池的热应力导致增加热失控的风险

* 普及相对容易

* 电池与车身深度融合，有利于重量的减轻、提高电量使用效率

VS

* 前期投资成本巨大、短期内盈利难

* 不同的电池标准，导致换电运营商与汽车生产商合作困难

* 便于集中管理电池，延长电池使用寿命

* 服务效率高，换电时间不超过3分钟

* 推动车、电分离，降低用户初始购置成本

图8-13 充电模式与换电模式优劣势分析图

（1）相比传统加油车的加油时间，快速换电时间只有1min不到，现有的换电技术可将换电时间控制在3min以内，大幅度提高车辆和电池的重复使用率，适合快速高效的城市节奏。

（2）充电站有标准的电池保养设备，通过保养可以在一定程度上延长电池的寿命。

（3）影响电动汽车发展的最大阻碍之一就是高昂的电池价格，这使得电动汽车的价格高于燃油汽车，使用快速换电模式时用户可以只购买车，通过租用电池达到减少车辆购置成本的目的，但是可能需要额外配置备用动力电池。

（4）与充电桩采用外置充电枪不同，换电站采用的是封闭式结构，更换设备通过机械手或换电机器人完成，相比自用充电桩更加复杂，不便个人用户使用。

（5）换电模式下电池更换站的电池可在夜间用电低峰期进行统一充电，不仅降低充电成本，还可以减少电网谐波、提高电网负荷。

（6）换电站还可以做储能电站。

（7）换下来的电池用慢充充电，延长电池寿命。

（8）目前没有实现电池标准化，各个汽车公司生产的电动汽车只能使用配套的电池，导致更换电池也必须要到指定的集中式换电站进行。

虽然目前的快速充电技术水平可以将充电时间减少至较短时间，但是这种充电方式对电池寿命有着很大的影响，并且因为变压器容量的限制，居民快速充电的时间仍不够短，会出现用户在电池电能耗尽时急需用车的情况，难以满足用户应急驾驶的需求。但是快速换电技术可以解决这一难题，当用户发现车辆电量不足且需要应急驾驶时，直接驶入未来社区内规划的换电站即可实现对低电量电池的更换；被换下来的低电量电池将会被充电和保存。快换方式将大大节省用户时间，是一种便捷、快速的电池电能补充方式，是对未来社区内的电动汽车充电的一种有效补充。

8.2.3 无线充电技术

1. 电动汽车无线充电技术简介

电动汽车无线充电技术通过埋于地面下的供电导轨以高频交变磁场的形式将电能传输给运行在地而上一定范围内的车辆接收端电能拾取机构，进而给车载储能设备供电，可使电动汽车搭载少量电池组，延长其续航里程，同时电能补给变得更加安全、便捷。在当前电动汽车无线充电技术中，其充电形式主要分为动态充电和静态充电。

（1）电动汽车动态无线充电。即在道路下方铺设供电导轨，通过导轨上的高频交流电产生高频电磁场，当安装有车载拾取装置的电动汽车在这条道路上行驶时，拾取装置通过感应高频电磁场从而拾取到电能，并将电能实时供给电动汽车车载电池组储存使用或者直接供给电动机实时使用。电动汽车动态无线充电使车辆无需考虑车载本身电池容量，减少对电池的依赖，提升了续航里程，有利于推动电动汽车的普及和应用，但控制难度大、成本过高。电动汽车动态无线充电示意如图 8-14 所示。

图 8-14　电动汽车动态无线充电示意

（2）电动汽车静态无线充电。即发射线圈埋在地下，接收线圈置于车体底盘或车体尾部，电动汽车在特定停放位置进行静态充电。相对动态无线充电，静态无线充电系统控制相对简单，并且其稳定性高、成本低，已逐渐在市场推广普及。未来社区无线充电桩将采用静态无线充电。电动汽车静态无线充电示意如图 8-15 所示。

2. 电动汽车无线充电技术优劣势对比

虽然电动汽车无线充电技术具有方便、快捷的优点，但还处于研发和探索阶段，在实用化方而还有大量的工作要做。此外根据当前能源匮乏的实际情况，电动汽车实现大功率无线充电技术的产业化运作还为时过早，但作为未来社区灵活的充电方式，进行前期探索很有必要。随着该技术的不断完善，其在电动汽车充电的应用必将大大推广。有线充电模式与无线充电模式优劣势分析如图 8 - 16 所示。

图 8 - 15　电动汽车静态无线充电示意

充电模式		无线充电模式
* 充电站及设备占地面积过大		* 前期投资成本巨大、维修费用高
* 人工操作不规范会导致设备出现过度磨损等安全性隐患	VS	* 实现远距离大功率无线电磁转换，能量损耗相对较高
* 技术门槛低，投入成本小		* 使用方便、安全，无火花及触电危险
* 电能可直接获得，传输损失小		
* 充电功率范围大，适合不同电压和电流等级的电池充电		* 无机械性磨损和相应维护问题，可适应多种恶劣环境和天气

图 8 - 16　有线充电模式与无线充电模式优劣势分析图

（1）有线充电技术。

1）有线充电技术的优点是：①能源转换一次性获得，电能损失小，节能环保；②交直流转换一次性，不存在中高频电磁辐射；③充电桩及充电机等充电设备技术门槛不太高，经济投入不大，维修方便；④充电功率调节范围较宽，适合多种不同电压和电流等级的动力电池储能补给。

2）有线充电技术的缺点是：①充电设备的移动搬运和电源的引线过长，人工操作烦琐；②充电站及充电设备公共占地面积过大；③人工操作过程中，极易出现设备的过度磨损等不安全性隐患。

（2）无线充电技术。

1）无线充电技术的优点是：使用方便、安全，无火花及触电危险，无积尘和接触损耗，无机械磨损和相应的维护问题，可适应多种恶劣环境和天气。

2）无线充电技术的缺点是：①设备的经济成本投入较高，维修费用大；②实现远距离大功率无线电磁转换，能量损耗相对较高；③无线充电设备的电磁辐射会对环境造成污染。

8.2.4 信息与通信技术

要实现未来社区低碳交通，一方面是通过清洁能源来实现电气化，另一方面则是通过先进的信息通信技术实现。信息通信技术与电网、交通技术深度渗透，已经成为支撑未来社区低碳交通的重要基础技术。将先进的通信技术、信息技术、传感量测技术、自动控制技术与电网技术紧密结合，利用先进的智能设备，构建实时智能、高速宽带的信息通信系统，支持多业务的灵活接入，为未来社区提供技术保障。

随着互联网范围不断升级扩大，各种终端的智能化水平技术不断提高，信息科技产业的第三次革命所孕育出的产物诞生出了物联网技术。物联网是"物物相连的互联网"，通过射频识别、传感器、全球定位系统等信息传感设备，按约定的协议，把物品与网络连接起来，进行信息交换和通信，以实现智能化识别、定位、跟踪、监控和管理。

物联网基本架构由感知层、网络层、应用层和平台层组成，如图8-17所示。

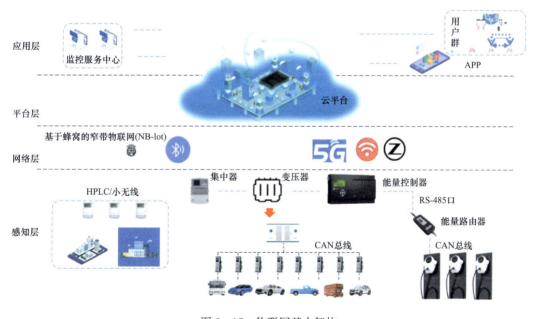

图8-17 物联网基本架构

（1）感知层。感知层包括感知控制子层和通信延伸子层。感知控制子层实现对物理世界的智能感知识别、信息采集处理和自动控制；通信延伸子层通过通信终端模块直接或组成延伸网络后将物理实体网络层和应用层。

（2）网络层。网络层主要实现信息的传递、路由和控制，包括接入网和核心网。网络层既可依托公众电信网和互联网，也可依托行业专用通信网络。

（3）应用层。应用层包括应用基础设施/中间件和各种物联网应用。应用基础设施/中间件为物联网应用提供信息处理、计算等通用基础服务设施、能力及资源调用接口，以此为基础实现物联网在众多领域的各种应用。

（4）平台层。平台层在整个物联网架构中起着承上启下的关键作用。首先，它实现了底层终端设备的"管、控、营"一体化，为上层提供应用开发和统一接口，构建了设备和业务的端到端通道。其次，它还提供了业务融合以及数据价值孵化的土壤，为提升产业整体价值奠定了基础。平台层的存在可以使企业专心于构建自己的应用或者组建自己的产品网络，不必费心于如何让设备联网。在物联网中，平台层按照逻辑关系可分为连接管理平台 CMP（Connectivity Management Platform）、设备管理平台 DMP（Device Management Platform）、应用使能平台 AEP（Application Enablement Platform）和业务分析平台 BAP（Business Analytics Platform）四部分。

电力物联网是一个实现电网基础设施、人员以及所在环境识别、感知、互联与控制的网络系统。具备实时采集、在线监测、即时预警、保障安全等功能。关键环节在于电力信息的采集、电力信息的传递和电力信息的处理。应用场景主要集中在用电侧、配电侧、变电侧、输电侧、发电侧、电网资产管理等细分领域。

8.3 低碳交通与电网的交互

8.3.1 规模化电动汽车对电网的影响

1. 电动汽车的负荷特性

随着"双碳"目标的提出，国家将大力发展清洁环保、低碳节能的电动汽车，降低传统燃油汽车比重，减少环境污染和碳排放。

电动汽车对电网的影响主要通过充电负荷实现；同时，这种影响的结果很大程度上取决于充电负荷的特征。电动汽车的充电负荷具有间歇性、随机性和时空分布性，与诸多因素有关，具体包括以下几方面。

（1）电池特性。电池特性包括电池容量、充放电速率和充放电曲线等，决定了实际的充放电功率及充电负荷曲线。

（2）充电设施。充电设施决定了电动汽车是否能向电网馈送电能和充放电功率的大小。充电设施的完善程度将会对电动汽车的普及速度产生一定影响；充电设施的分布特性将会对系统充电负荷的空间分布产生影响。

（3）出行需求。出行需求主要指用户的行驶里程、出行时间、出行频率与出行目的等。它们决定了用户的充电时间、需求电能以及获得充电服务的情况。

（4）使用习惯。使用习惯反映了用户的充电偏好，使用习惯的差异会使充电负荷呈现出一定的分散性。

（5）电动汽车数量。电动汽车数量决定了充电负荷的整体规模，它反映了电动汽车普及速度，与电动汽车价格、使用费用、电动汽车性能以及充电的方便性等因素密切相关。

（6）充电控制方式。充电控制方式可以分为直接、间接两类。直接控制是指对充电时间加以限定，如夜间充电和谷时充电；间接控制是指通过制定峰谷电价、实时电价或辅助服务价格等途径对用户充电行为加以引导。

2. 电动汽车对电网侧的影响分析

随着电池技术以及电动汽车的发展，大规模电动汽车如果在不加引导的情况下接入电网进行充电，将会给电网带来难以忽视的影响。

（1）负荷的增长。2020—2025 年是电动汽车快速发展的五年，电动汽车接入电网充电增加了电力系统负荷，若在负荷曲线高峰期接入大量电动汽车充电，则进一步拉大电网负荷曲线峰谷差，可能导致配电网线路过载、电压跌落、配电网损耗增加、配电变压器过载等一系列问题，甚至会超出局部配电网的承受能力，给电网安全运行带来负担。电网需要新增装机容量、改造相应输配电设备，使得电网运行效率降低。

（2）充电站的谐波污染。为满足电池充电或更换的需要必须建立电动汽车充电机站，而充电站采用的充电机属于非线性装置会对供电系统产生谐波污染导致功率因数下降，电网和用户的电能质量降低，电气设备使用寿命减少。如果不加治理，将导致计算机和一些其他电子设备的误动作，进而造成生产或运行中断；使得电网损耗增加，设备过热；对通信设备造成干扰；同时会引起电压畸变、功率因数下降，影响电网中其他用电设备的正常运行。

（3）电网特性的恶化。电动汽车充电负荷作为一种恒功率负荷，可能恶化电网频率电压特性，增加电网调频、调压的难度。

（4）电网优化控制难度的增加。由于电动汽车用户选取充电时间和空间的不确定性，则产生具有随机性的电动汽车充电负荷。大规模电动汽车的接入将导致系统的运行工况随时可能发生改变，甚至影响整个电力系统的安全稳定运行，对电网的优化控制提出更高的要求。

（5）配电网规划运行难度增加。大规模接入的电动汽车充电负荷及大量建设的充电设施将改变配电网拓扑结构（增加网络节点、线路改造等）以及负荷布局，对配电系统规划及运行方式提出了新的要求与挑战。

（6）电力市场运营难度增加。由于电动汽车的庞大数目和分散特性，市场运营机制由集中式向分散式转变。对每一辆汽车单独管控势必将增加大量的运营成本，因此有必要增加电网和电动汽车群体之间的中间系统聚合商来参与市场竞价和提供辅助服务。电力市场如何在这种复杂的分散机制下稳定运行也成为重要问题。

8.3.2 电动汽车智能充放电策略研究

电动汽车的智能充放电按照电动汽车与电网之间能量的流向，可以分为单向的有序充电策略和双向的 V2G 策略。

1. 电动汽车有序充电控制策略

开展大规模电动汽车接入电网后对电网影响的定量评估及以减少负面影响为目标的充电控制策略研究已日益成为人们关注的热点问题，而有序充电的概念随之产生。从电网角度讲，在满足电动汽车充电需求的前提下，运用实际有效的经济或技术措施引导、控制电动汽车进行充电，对电网负荷曲线进行削峰填谷，使负荷曲线方差较小，减少了发电装机容量建设，保证了电动汽车与电网的协调互动发展。

通过在配电网、用户、充电桩以及电动汽车之间进行充分的信息交互和分层控制，全面感知负荷变化趋势，动态调整充电时间和功率，优化负荷进行曲线，电动汽车有序充电可以抑制、消除电动汽车对电网的不利影响，而且能够支撑电网运行。既满足用户充电需求，降低充电成本，又提升了配电网设备和发电设备的利用率，降低了电网和发电设备的投资，保证了电动汽车与电网的协调互动发展，具体的研究意义如下。

（1）降低配电网负载率。最大负载率是指配电网最大负载与配电网额定负载的比值，是衡量配电网安全运行的重要指标。电动汽车的有序充电能够在一定程度上实现削峰填谷，从而降低配电网最大负载率。

（2）减少配电网扩建容量。配电网容量配置是适应负荷发展的重要支撑，也是配电网投资建设的重要方面。电动汽车的有序充电可以实现对配电网负荷的优化调整，合理利用谷期容量，降低峰期负荷，减少配电网容量的配置。

（3）节约配电网建设成本。通过有序充电可以大幅减少社区配电容量设置，节约配电网建设成本。

（4）提高存量电网资源利用率。配电网资源利用率是配电网对设备资源等管理水平的直接体现。电动汽车有序充电能够实现需求侧资源的协调、高效、稳定运行，从而提高配电网现有需求侧资源的利用效率，充分利用现有设备的容量。

（5）提供调频、调峰及备用等辅助服务。供电质量是配电网供电服务水平的指标之一，也是配电网安全稳定运行的重要指标。供电质量体现在电压质量和频率水平两个方面，可以通过配电网负荷的标准差来描述配电网负荷的波动程度，反映配电网的供电质量。在无序充电模式下电动汽车充电功率与原有负荷峰值叠加，产生负荷尖峰，造成配电网负荷波动变大，对电网的扰动增大，增大了电网调频负担，使得电网电压与频率的稳定性下降。一般通过控制、调节发电机出力状态和出力水平来提供调频、调峰及备用等辅助服务，通过有序充电能达到类似的效果。

（6）丰富电网调节、运行手段。通过控制各节点电动汽车的充电时序，可以替代某些电力电子设备的功能，改变电力系统潮流分布情况，降低系统网损、改善系统电压质量。

（7）消纳可再生能源。目前我国电力供大于求的矛盾日益突出，为了维持系统发用电平衡，弃风弃光现象严重，也成为可再生能源发展亟待解决的难题。电动汽车有序充电可以与可再生能源协调配合，利用电动汽车消纳可再生能源，平抑可再生能源的波动，为提高可再生能源消纳能力提供了重要途径。

以一小区为例，设计配电变压器总容量为 10 台 1000kVA 配电变压器，其中为电动汽车预留 1000kW 充电容量，2025 年入住 1000 户，户均车位 1.2 个，其中 20％安装慢充充电桩，即 240 个，慢充充电功率为 10kW，1％安装快充充电桩，即 12 个，快充充电功率为 60kW。

无序充电时，若电动汽车充电同时率为 0.8，每小时充电功率达到

$$（240×10＋12×60）×0.8＝2496（kW）$$

现有容量无法满足充电需求，至少需增容 1496kW，增容部分总费用至少在 305.4 万元以上。无序充电情景下典型小区电动汽车充电设施配电成本见表 8-2。

表 8-2　　　　　　无序充电情景下典型小区电动汽车充电设施配电成本

项　目	规　格	成本/万元
变压器	1 台 800kVA	15.3
	1 台 1000kVA	16.7
环网柜	4 面	20
低压柜	8 面	54
Ⅱ接箱（1 进 6 出）及线缆	27 个	58.6
表箱及线缆	27 个	12.8
表箱后改造	160 个	128
总计		305.4

电动汽车充电负荷曲线如图 8-18 所示。有序充电时，电动汽车分时段进行充电，充

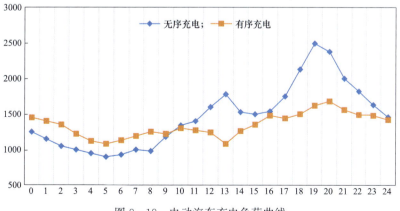

图 8-18　电动汽车充电负荷曲线

电功率峰值约为有序充电的 65%，约为 1620kW，仅增容 620kW，增容部分中费用为 248.6 万元，较无序充电至少节约 56.8 万元以上，可见电动汽车有序充电可缓解城市电网建设和局部配电网建设改造，降低配电网建设改造成本。有序充电情景下典型小区电动汽车充电设施配电成本见表 8-3。

表 8-3　　　　　　　有序充电情景下典型小区电动汽车充电设施配电成本

项　　目	规　　格	成本/万元
变压器	一台 800kVA	15.3
环网柜	2 面	10
低压柜	4 面	27
Ⅱ接箱（1 进 6 出）及线缆	27 个	56.3
表箱及线缆	27 个	12
表箱后改造	160 个	128
总计		248.6

因此，针对该社区而言，有序充电与无序充电相比，效益更高。

2. 电动汽车 V2G 控制策略

通过双向充电设施，电动汽车既可以从电网中获取电能，也能向电网回馈电能，即电动汽车的 V2G 充放电技术。考虑到电动汽车的车载大容量电池以及庞大数量规模，其电池总容量是相当可观的，可以作为电网的能量缓冲，对电网的辅助作用更强，能更好地满足电网的需求。

除此之外，电动汽车群体还可以作为临时电源供电。当区域内的公用电网故障或异常时，可以进入孤网运行模式，将用户的用电从公用电网中隔离出来。然而和有序充电技术相比，V2G 技术忽视了频繁的充放电过程对电池寿命可能产生的不利影响，增加了用户的花费，减少了用户的收益。

从电动汽车用户侧角度来看，满足日常出行的需求是最基本的，在此基础之上才能为电网提供各项服务，若能在提供服务的同时获取收益，用户则会更积极地响应电网的引导与接受管控，间接降低了电动汽车的使用成本，有利于电动汽车的普及。

除了较为流行的电动汽车与电网充放电双向互动的 V2G 技术之外，还有一系列 V2X（Vehicle to Everything）技术，即车对外界的信息交换，如图 8-19 所示。主要有电动汽车与楼宇供配电系统充放电双向互动的 V2B 技术，电动汽车与住宅供配电系统充放电双向互动的 V2H 技术，电动汽车相互之间充放电双向互动的 V2V 技术以及电动汽车向负荷放电的 V2L 技术。

3. 电动汽车控制方式

按照研究的层次划分，电动汽车控制方式可以分为分布式控制、集中式控制、集中式

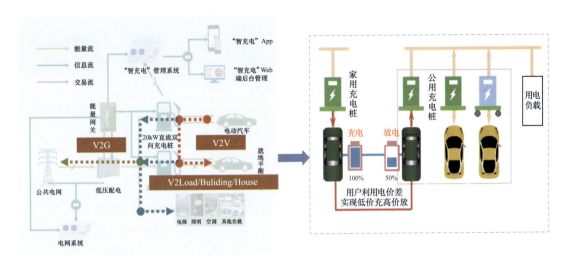

图 8-19 V2X 对外界信息交换

与分布式结合控制。

分布式控制是由电网直接对接入的电动车进行调度，采用如粒子群算法、遗传算法等智能算法寻找目标函数的最优解来控制每台电动车的充放电行为，但这种控制策略过于理想化，实际上，电网不可能同时对数以亿计的电动汽车采取精确控制，这将使问题变得十分复杂，大大增加电网的运营成本。

集中式控制是在电网与电动汽车群之间建立一个中间系统，称为聚合商。该中间系统将一定区域内接入电网的电动汽车组织起来，成为一个整体，具有一定规模的可调度负荷和储能容量，服从电网的统一调度。这样电网可以不必深究每台电动车的状态，只需根据自己的算法向各个中间系统发出调度信号（包括功率的大小、有功还是无功以及充电还是放电等），而对电动汽车群的直接管理则由中间系统来完成。相比单一车辆而言，集中式控制将一个电动车队、一个停车场、一个换电站或一个社区内电动汽车群的充放电控制问题等效为一个虚拟的整体充电单元，与电网侧实现交互通信，并实现需求侧响应。优化方法和控制目标较为丰富，为聚合商参与电力市场竞争、支撑配电网运行提供了参考。

集中式与分布式结合控制结合以上两种不同充放电模式，构建分层分区的双层优化问题，一方面，电网根据预测负荷与各中间管理者的需求，对选定参数进行优化求解，实现各中间管理者需求的优化配置；另一方面，在一定网侧约束条件下（电池充放电电流、功率、SoC 等），中间管理者依据所采集的电动汽车充放电需求信息，对接入电网的充电负荷进行优化配置，有序控制管辖范围内的每台电动汽车充放电行为。

满足充电需求前提下，通过中间管理者实现充放电优化控制，用户、中间管理者和电力公司获得各自利益。用户根据电价导向，实现充电成本最小化；在电网动态约束条件下，中间管理者通过电价差盈利；对于电力系统，则以负荷波动最小为目标，通过实时调度，改善电网运行性能。

上述 3 种控制方式均以对电动汽车的直接调度为基本假设，认为运行人员在电动汽车空闲时间可以完全控制其充（放）电过程。事实上，运行人员不具备此权限，需要通过价格信号或充电服务计划等手段吸引、调动用户充电行为或向用户换取充电控制权力。

而用户自治式充放电控制强调用户自身是充放电行为的一员，是由电网向用户发布实时的有、无功需求和价格信息，用户自行根据电网输出接口的电气特征（如电压波动等），结合汽车自身的状态（如电池 SoC、未来行驶计划、当前的位置）选择进行充放电行为。

8.4　未来社区低碳交通典型应用场景

随着我国提出力争 2030 年前实现碳达峰、2060 年前实现碳中和的目标，一场经济社会广泛而深刻的系统性变革正在加速进行，作为排碳大户的交通运输行业，在"双碳"目标的实现过程中，既要发挥好经济手段和市场机制的作用，提升持续碳减排的积极性，也要借此实现数字化转型，通过数字化信息化技术实现智慧交通、绿色交通。

8.4.1　智能技术在电动汽车中的应用场景

1. 安全充电预约

行驶状态的电动汽车在确保信息安全的情况下进行充电预约。在智能交通系统和智能电网融合的基础上，利用平台建设的端、边、管、云逻辑架构，利用数字签名的批验证技术解决行驶状态下电动汽车充电预约的安全认证问题。

电动汽车是智能电网和智能交通系统的重要纽带，行驶状态下电动汽车有序充电的信息交互将跨智能电网和智能交通系统两个域。智能电网和智能交通系统模型如图 8-20 所示。

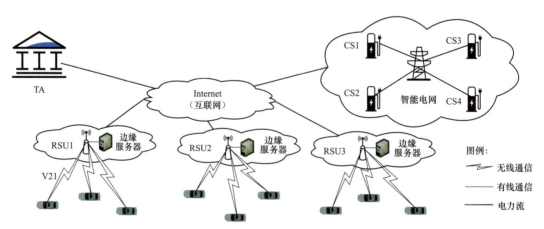

图 8-20　智能电网和智能交通系统模型

车联网被认为是智能交通系统的重要组成部分，车联网与智能交通的结合可以定义为智慧交通。一般来讲，车联网主要包括配置车载单元（On Board Unit，OBU）的车辆、路侧单元（Road Side Unit，RSU）以及实现 V2X（Vehicle to Everything，V2X）通信技术等部分。

车辆和路侧单元（RSU）位于智能交通系统域。充电站位于智能电网域，拥有多个充电桩，受智能电网充放电监控中心统一调度与控制。RSU 与充电站通过互联网通信，每个充电站连接多个 RSU，充电站周期性地向连接的 RSU 发布其充电桩空闲/占用状态信息。电动汽车和 RSU 之间可以通过 IEEE 1609/WAVE、LTE－V 或 5G 无线协议通信，这种通信属于车辆与基础设施之间的信息交换（Vehicle to Infrastructure，V2I）之间的信息交换。电动汽车通过与通信范围内的 RSU 互动，可获得充电站的状态信息，并可通过 RSU 发送充电预约请求。

为了实现行驶状态下电动汽车有序充电的信息交换安全认证，系统中还配置有可信服务中心（Trusted Authority，TA），负责系统注册、颁发证书等与密码相关的操作。针对融合交通网络实现智能充电安全认证提出一种基于改进 DSA 签名算法的批量验证方案，把充电场景中路侧单元（RSU）作为边缘节点，边缘服务器可以与数百个车辆通信，然后依次将电动汽车充电请求消息签名后发送给充电站，充电站对一个时间段内收到同一 RSU 的签名消息进行批验证，可以使充电站高效地验证车辆充电预约请求消息，相对于传统单一验证方案，有效降低了计算和通信开销。

2. 车联网和 V2G 技术应用

车辆智能化技术，就是依靠车载通信技术集成外部环境、驾驶技术和车载智能系统于一体的新型联网智能技术，可以带来更加安全、便捷、高效的出行体验。2010 年 9 月，在中国无锡举行的世界物联网大会上，与会者指出"车联网将形成巨大的新兴产业"，这标志着我国车联网产业的诞生。2018 年底，中华人民共和国工信部正式颁布了 5.905～5.925GHz 专用频段用于智能网联汽车产业化应用，并支持向 5G 标准的演进，因此，中国有望真正实现移动设施的超大带宽及低延时可靠通信，支持移动终端的海量连接，推动车联网的研究和规模化应用并向全自动驾驶能力演进。汽车高性能芯片是智能网联汽车的中枢神经系统，当前汽车普遍搭载微控制单元（MCU）用于车身电子、底盘电子以及智能座舱的子系统运算控制，汽车行驶中的安全控制等。未来面向汽车移动互联网应用场景下，高安全、实时性、高并发、多线程、超大运算能力的移动车载芯片是智能控制的核心。日本已经将电动汽车 V2X 技术作为促进电动汽车推广和普及的关键策略之一。V2G 应用如图 8-21 所示。

欧洲在 2017 年已开展 V2G 测试，国家电网也已经完成电动汽车 V2G 平台及小功率 V2G 设备开发并与部分车企展开合作。在未来，随着电动汽车数量增加、动力电池容量增大，V2G 将成为能源互联的重要一环。

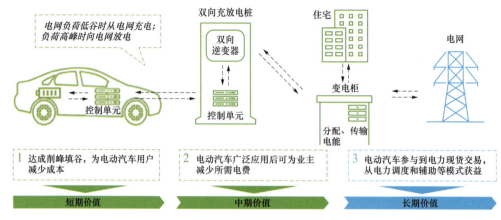

图 8 - 21　V2G 应用

日本三大新能源车企，日产、三菱、丰田目前均在研发可实现 V2G 的系统，并有少量的试点应用。2018 年 5 月，在日本经济贸易产业省（METI）提供补贴支持下，丰田通商联合中部电力公司启动了丰田爱知县的 V2G 示范项目。

2014 年美国西南研究院（SWRI）开始推广 V2G 集中管理控制系统，以此来管理大规模的电动汽车的充放电，当电网频率远低于正常工作频率时，可以通过该系统延迟汽车充电时间。同年，在美国国防部和加州能源委员会的支持下，洛杉矶空军基地也开展了 V2G 的示范项目，首次将 V2G 技术应用到军事领域。

目前，我国已经在北京、苏州等城市开展了 V2G 的试点研究。2017 年，国网江苏电力公司开展相关科研项目，在苏州工业园区内建成 60 台交直流充放电桩，可以通过即插即用装置与控制中心进行认证和互动，获得电网调度曲线和负荷曲线，提高用户参与到车网互动的意愿。2018 年，国网江苏电力公司在苏州同里建设综合能源服务中心，建成带有虚拟同步机功能的 V2G 充电桩。

8.4.2　"光储充"未来社区应用场景

传统居民负荷具有强烈的波动性和不确定性，峰谷差异较大，难以进行直接控制。同时分散在居民小区的电动汽车充电行为在空间和时间上也存在着极大的不确定性，如果无约束的电动汽车充电也会进一步加大居民负荷峰谷差，对电网稳定性造成危害。虽然目前有部分小区配备了光伏发电装置，但是对于居民用户，用电成本是其接纳新能源和储能装置的决定性因素；对于供电部门，如何平滑负荷波动是保证系统高效、可靠运行的关键。这两方面利益往往是矛盾和冲突的。在居民小区引入光伏和电动汽车后，这种矛盾和冲突更加激化。

上述矛盾在用电负荷及电源结构上发生极大改变的"未来社区"得到了有效的解决，利用集中设置的储能装置，形成了含光、储及电动汽车的"光储充"社区，通过直接负荷控制手段，转移和调节光伏出力，实现其电能再分配；同时采用分时电价机制的间接负荷控制手段，引导电动汽车充电行为，达到兼顾居民用户和供电部门利益的目的。未来社区"光储充"应用场景如图 8-22 所示。

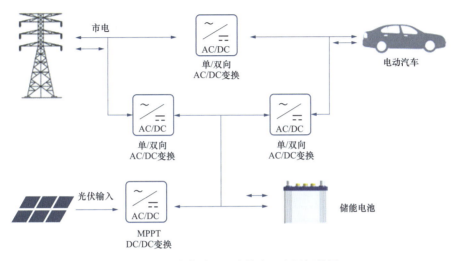

图 8-22　未来社区"光储充"应用场景图

目前国内有多个"光储充"一体化的试点项目已建设使用，以武汉市首个智慧"零碳"示范区为例，位于沌口开发区创业路上的国网武汉供电公司车城营业厅，一座"光储充"电动汽车充电站坐落其中，如图 8-23 所示。在站内，两台正在运行的充电桩的顶棚上安装有功率为 16kW 的分布式光伏发电设备；一旁大楼的两个楼层也安装了碳晶硅光伏设备，功率为 64kW。同时站内的储能设备可以储存 215kW·h 的电量，为新能源充电桩提供电能。

图 8-23　国网武汉供电公司车城营业厅"光储充"电动汽车充电站

"光储充"电动汽车充电站利用分布式光伏发电设备进行储能，再将电能提供给新能源汽车充电，通过"以光养桩"，实现新能源、储能、智能充电互相协调支撑。60kW 的双枪一体直流充电机为一辆普通三厢电动汽车充满电，最快只需要 45min；电动自行车有共享式充电柜；电厨炊、电采暖等家用电器也广泛进去各家各户。

随着光伏、电动汽车充电桩、储能等低碳项目的建设；楼宇节能、智慧路灯等多个配套设施完善，将有助于建设、健全完善的柔性"迎峰度夏"响应体系，缓解电力供应紧张的局面，提升供电可靠性，同时提高需求方参与的主动性，提升整个电力市场的稳定水平和运行效率。更好地实现国家"碳中和""碳达峰"的目标要求，全面推进绿色低碳发展路径。

2021 年 8 月，绍兴市新昌县正式投入了绍兴市首个"光储充"一体化充电站，如图 8-24 所示。整个"光储充"一体化充电站占地约 300m²，共有 11 个停车位，设有 8 台 60kW 单枪式快充充电桩。该充电站总投资约 170 万元，由光伏发电、储能、充电桩三大系统组成，光伏系统集成于车棚棚顶，采用的组件比常规组件高 25% 发电量，使用寿命长达 30 年，且满足透光要求。平时在阳光充足条件下，光伏会持续发电，并将电能储存，可满足 8 辆车同时充电。

图 8-24 国网绍兴供电公司首个"光储充"一体化充电站

充电站的电力储能舱里共有 3 组 45 块大型汽车动力电池，均来自电动公交车上电池容量衰减至 80% 以下的废旧电池。利用国网绍兴供电公司自主研发的 S6 芯片，克服废旧电池安全性低、收益不高的缺点，实现再次利用。充电站不仅利用光能为电池充电，也会利用谷电进行充电，提升经济效益。若充电车流量大，储能电池电量不足，电网会及时供电。除此之外，充电站还配备了完善的监控系统，包括电力配电网监控、储能监控、光伏监控、充电机监控和安防监控，可实现无人值守运行。未来会与比亚迪等公司合作，构建废旧动力电池回收体系，全面推广光储充一体化充电站建设，助力绍兴提前实现"碳达峰""碳中和"目标。

8.4.3 绿色智能公交应用场景

1. 以公共交通为导向的发展模式（TOD）

以小型汽车为主体的交通系统导致城市郊区化和无序蔓延，土地利用趋于只具备如大规模密度居住区等单一使用功能。以公共交通为导向的发展模式（Transit-Oriented Development，TOD）主张土地利用与公共交通结合，促使城市形态从低密度蔓延向更高密度的、功能复合的、人性化的"簇群状"形态演变，实现城市的可持续发展。简而言之，TOD 就是以公共交通站点为中心，5～10min 步行路程为半径，形成以满足工作、商业、居住、休闲、教育等于一体的区域中心。城市型 TOD 社区模式如图 8-25 所示。

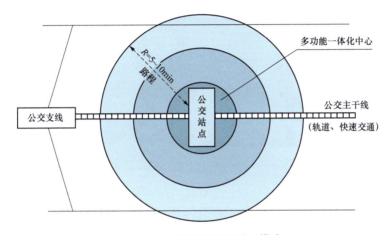

图 8-25　城市型 TOD 社区模式

TOD 的设计原则为：①组织紧凑的有公交支持的开发；②将商业、住宅、办公楼、公园和公共建筑设置在步行可达的公交站点的范围内；③建造适宜步行的街道网络，将居民区各建筑连接起来；④混合多种类型、密度和价格的住房；⑤保护生态环境和河岸带，留出高质量的公共空间；⑥使公共空间成为建筑导向和邻里生活的焦点；⑦鼓励沿着现有邻里交通走廊沿线实施填充式开发或再开发；⑧实现高效换乘和便利的对外接驳。

以我国首个 TOD 交通枢纽综合体"广州凯达尔枢纽国际广场"为例，如图 8-26 所示，广州地铁 13 号线、16 号线，广深铁路、广汕铁路以及穗莞深城际快线 5 条轨道的交汇站点上盖枢纽物业，实现 TOD 资源整合，在保证公共交通功能优化的基础上实现交通枢纽和商业功能的兼备。

2. 氢能公交驱动绿色低碳交通

氢能公交车，是指通过燃料电池中氢气与催化剂发生反应产生电能，进而由电机驱动的车辆，如图 8-27 所示。氢气发生反应过程中无碳排放产生，发展氢能交通工具是利用氢能、实现低碳绿色交通的重要方式之一。江苏省张家港市率先开展，连续 3 年出台支持氢能产业发展政策，鼓励各企业发展氢能产业。氢燃料电池汽车具有环保性能佳、转化效率高、加注时间短、续航里程长等优势。张家港市港城公共交通有限公司根据政府决策，从 2018 年起分批次采购，2019、2020 年均有新车投入运营。目前张家港在运营的氢燃料公交共 35 辆，车辆品牌包括宇通客车、苏州金龙、中国中车，搭载的燃料电池电堆也来自 5 个企业，分别为亿华通、重塑科技、华昌氢能、江苏清能及中车氢能。投运 3 年，张家港氢燃料公交车交出了累计运营 2460000km 的成绩单，助力交通领域绿色低碳发展。

图 8-26　广州凯达尔枢纽国际广场

图 8-27　氢能公交车

3. 绿色低碳智能公交场站

绿色低碳智能公交场站由光伏车棚、智能充电桩、纯电动公交车和电站建筑组成，集光伏发电、储能、微网控制、电动汽车充放电等功能于一体，如图 8-28 所示。

图 8-28　绿色低碳智能公交场站示意

　　绿色低碳智能公交场站的小型配用电系统由分布式电源、用电负荷、公交充电负荷、配电设施、监控和保护系统构成，除了具备常规公交场站功能外，还可实现增容扩容、削峰填谷、电网调峰调频等功能，为公交站提供智能、高效、经济、便捷、绿色的服务。低碳智能公交场站系统结构示意如图 8-29 所示。

图 8-29　低碳智能公交场站系统结构示意

　　上海市首家太阳能光伏发电公交场站在浦东上南公交高科西路停车场投入使用。该项目全年发电预计可达 200MW·h，在为新能源公交车充电同时，还能提供场内办公区域的全天候用电，多余的电量可以销售至电网。该公交场站采用光伏发电后，全年可节约标煤 60t，减少二氧化碳排放近 200t，二氧化硫排放 6t，促进了公交行业节能减排和结构调整。

南京雨花南路公交场站在建筑屋顶上安装近 4000m² 的太阳能电池板，利用光伏进行发电。建成后装机容量为 244kW，预计年发电量可达 280MW·h。公交场站全年可节约标准煤 100t，减少二氧化碳排放 282t、氮氧化物 4t。

4. 绿色低碳智能公交站台

目前，国内大多数公交站台的主要功能仅限于局部遮阳避雨及广告展示等方面，功能单一，实用性和科技性不强。绿色低碳智慧公交站台是交通智能化的重要组成部分，可为乘客提供全方位的出行信息及便利服务，由主亭结构、智慧桩、支撑杆、站牌、公共信息牌、休息凳、手机快充、自动售货机、各类传感器、太阳能板、微型储能系统、智能降温系统、高清监控系统等部分构成，如图 8-30 所示。

图 8-30　绿色低碳智能公交站台示意

绿色低碳智能公交站台以智能公交调控平台为载体，包含信息发布、视频监控、智能广播、智能 WiFi、客流分析、5G、互联应用、新能源应用、报警求助等功能。在公交站台的顶板上铺设的太阳能板除了可以为乘客遮风挡雨之外，还可以在光照强度高的时候进行发电。所发的电能一部分用于站台内各显示屏和电子设备，也可以为乘客提供手机和电动车充电服务，多余的电能存储在微型储能系统中作为备用。若电能不足，则可以从电网输入。

第9章

社区能源大数据中心

社区能源大数据中心是以未来社区能源供给实际问题和应用需求为导向，重点以社区智慧能源监测和未来社区建筑能源管理为对象，挖掘和利用能源大数据价值，构建未来社区能源大数据平台，形成创新的数据产品和运营模式，推进社区能源的大数据示范应用。

社区能源大数据中心的建设以电力数据为核心，接入电、水、热、新能源等社区能源数据以及社区居民生活、出行、环保、安全、等相关数据，以人为本，在保障社区居民生活质量前提下，利用大数据化措施来服务未来社区能源生产、传输、消费等相关环节，以智慧能源支撑智慧社区建设。

大数据中心是从应用架构、技术架构、部署架构视角构建大数据中心技术体系，为大数据中心的建设提供指导。社区能源大数据中心结构如图9-1所示。社区能源大数据中心从应用架构主要分成社区能源监测平台和社区能源管理系统，利用数据采集、数据存储、大数据计算、数据挖掘等技术手段实现社区能源大数据的监测和管理，实现数据可视化，保障数据安全。

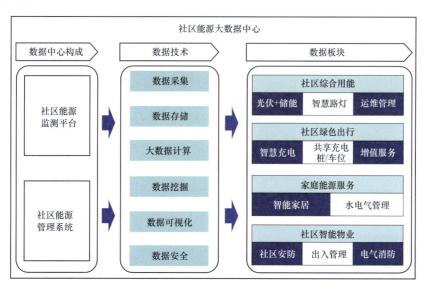

图9-1 社区能源大数据中心结构

社区能源大数据中心从部署架构的层面主要分为社区综合用能、社区绿色出行、社区家庭能源服务及社区智能物业 4 个数据板块，而根据现场实际应用又分为"光伏＋储能"等 11 个具体功能数据应用模块。

9.1 社区智慧能源监测平台

9.1.1 平台设计原则

社区能源监测平台是一套完整的能源管理系统，它是完成对各能源消耗点的能源数据的现场采集、自动上传、定时存储以及辅助分析的自动化系统。其测量，监视、分析功能通过计量采集装置、区域管理结构、能源监测软件来实现。

根据可靠性和高效率能源管理的要求，社区能源监测平台的设计要注意以下几方面。

1. 系统的实用性

能源监测平台的组成和实现一定要符合社区的实际情况，不能追求华而不实，这样势必造成投资过大，远超出实际需要。因此，在能够充分实现用户所需功能的情况下，系统的实用性是首先应遵循的第一设计原则。同时，系统的前端产品和系统软件均应有良好的可学习性和可操作性。特别是操作性，要使具备电脑初级操作水平的管理人员，通过简单的培训就能掌握系统的操作要领，达到能完成值班任务的操作水平。

2. 系统的安全性

能源监测平台对水、电、气等能源进行实时监测，任何一点的疏忽都是巨大的安全隐患，这要求系统中的所有设备及配件在性能安全可靠运转的同时，还应符合中国或国际有关的安全标准，并可在非理想环境下有效工作。

3. 系统的实时性

运行系统中的能源数据时刻都处在变化中，超负荷，不平衡等因素将会对配电设备造成巨大的损害，然而这些因素的产生并不是预期的，所以对系统的实时性要求非常关键，系统不仅能够实现实时性监测，还应对一些必要的事件具有记录存储的功能。保证用户从开户到买电及对售电信息查询的实时性。

4. 系统的稳定性

由于能源监测平台是一项长期不间断运行的系统，肩负着监管整个社区的各用能设备的运行状况，并具有一定的处理事件的功能，所以系统的稳定性显得尤为重要。

5. 系统的可扩展性

系统的设计并不是一成不变的，如今后根据需要将工程扩建、改造或者与其他系统的兼容、并入等，这要求系统的设计应预留多路与其他系统的通信接口，当追加变配电子站系统及与上级调度系统时可实现系统扩展，如楼宇自动化控制系统（BAS）、管理信息系统（MIS）、消防控制系统（FCS）等。

6. 系统的易维护性

能源监测平台在运行过程中的维护应尽量做到简单易行。从计算机的配置到系统的配置、前端设备的配置都应充分仔细地考虑系统可靠性，并实施相应的认证。在做到系统故障率最低的同时，也要考虑到即使因为意想不到的原因而发生问题时，能保证数据的方便保存和快速恢复，并能保证紧急时能迅速地打开通道。整个系统的分层管理应保证网络中一旦出现故障，不会因为某部分设备的维护，而停止所有设备的正常运作。

9.1.2 平台结构

能源监测平台采用分层分布式结构进行设计，即站控管理层、网络通信层和现场设备层，如图9-2所示。

图9-2 能源监测平台结构

1. 现场设备层

现场设备层主要是连接网络中远传电表等，用于将能源数据采集并上传至通信层，它是构建该能源监测系统必要的基本组成元素。不仅肩负着采集数据的重任，同时也是执行后台控制命令的终端元件。

2. 网络通信层

网络通信层主要由通信服务器、接口转换器件及总线网络等组成。该层是数据信息交换的桥梁，不同的接口转换器件提供了 RS－232、RS－422、RS－485、SPABUS 及以太网等各种接口，组网方式灵活，支持点对点的通信、现场总线网络、以太网等类型的组态网络。通信服务器主要用于直接对现场仪器仪表转达上位机的各种控制命令，并负责对现场仪器仪表回送的数据信息进行采集、分类和存储等工作，如电能数据等电参量、仪表通信状态等；接口转换器件则是由于现场仪表或其他系列的装置与上位机的通信接口存在差异，需要进行转换方可进行数据交换。

3. 管理测控层

管理测控层针对配电网络的管理人员，该层直接面向用户。该层也是系统的最上层部分，主要由电能预付费管理系统软件和必要的硬件设备如计算机、打印机、UPS 等组成。其中软件部分具有良好的人机交互界面，通过数据传输协议读取前置机采集的现场各类数据信息，自动经过计算处理，以图形、数显、声音等方式反映现场的运行状况，并可接受管理人员的操作命令，实时发送并检测操作的执行状况，以保证供用电单位的正常工作；电能计量管理功能设计各种符合用户的报表格式，报表内数据严格按照各种标准进行计量，用户只需查找打印即可，极大地方便了操作，提高了工作效率。

9.1.3　平台功能

1. 运行实时监测

运行实时监视图如图 9－3 所示。

图 9－3　运行实时监视图

（1）采用能源系统标准的图形画面实时显示现场设备的运行状态和各种测量值。

（2）显示现场断路器、接地刀闸状态，断路器小车的位置及相关故障、告警信号。

（3）实时监视各个回路的各种测量值和相关保护信号、参数。

（4）分层次显示，拓展了系统信息监测的空间。

（5）实时记录并显示报警和故障信号。

（6）将所有能源消耗的实时数据以各种图表方式实时显示出来。

2. 电能管理及报表功能

电能管理及报表功能图如图9-4所示。

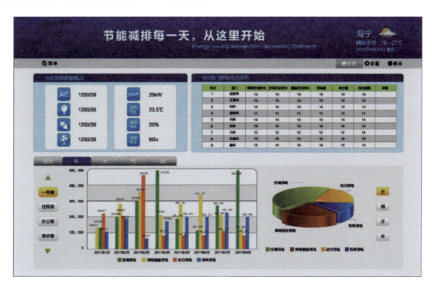

图9-4 电能管理及报表功能图

（1）提供电量计量和管理报表。

（2）实时显示、统计各回路各时段的电能值。实时显示、统计各回路每日、每月、每年的有功电能总值和无功电能总值。

（3）能自动准确的记录各种时刻的运行数据，实现自动记录功能，节省了人力，完全做到了省时、省力，并可以随时调用，更有利于提高管理水平。

（4）通过报表功能记录和分析各回路的运行参数。

（5）提供丰富报表功能，各种监测数据通过报表的形式进行管理。

（6）可按要求生成报表，报表数据自动填入。

3. 分项能源统计

分项能源主要根据用途和区域划分进行采集和整理的能源数据。项目主要针对各个不同区域进行能源分项统计，统计应根据现场情况和要求进行订制。各分项能源增量根据各计量装置的原始数据增量进行数学计算，同时计算得出分项能源日结数据，分项能源日结数据是某一分项能源在一天内的增量和当天采集间隔时间内的最大值、最小值、平均值。根据分项能源的日结数据，进而计算出逐月、逐年分项能源数据及其最大值、最小值与平均值。

4. 能源计划

能源计划是把本公司的分类分项负载项的月度（年度）计划用电量做一个设定，超出计划用电量系统做出报警。使企业的用电有一个预算计划，最大程度的将用能进行掌控。

5. 节能足迹前后对比

记录每一次节能改造的过程和记录，通过改造后的同比分析，结合改造前后设备使用率和设备增减情况，使原来无法说清楚的节能改造效果变得可量化、可比较、可评价，展示节能工作所取得的成果。

6. 曲线分析

（1）记录各回路的用电情况，如监测电压、电流，如出现最大用电量的时间段等功能。

（2）能很好的记录开关的负荷量，对出现故障时提供丰富的运行分析依据。

（3）可以调用每天、每月、每年的运行记录，根据运行记录能很好的进行同期比较和分析，并可根据比较和结合产量等因素分析，为节能提供一定的依据。

（4）系统实时采集各种测量值，同时把采集到的数据保存到历史数据库中。

（5）通过能源趋势图，快速定位能源负荷高峰，并逐级定位高峰能源的组成，为移峰填谷找到依据。曲线分析图如图9-5所示。

7. 告警管理

（1）告警方式包括画面显示、多媒体语音告警、打印告警。

（2）告警类型包括越限告警、变位告警、事件告警、通信状态告警、运行日志。

（3）告警信息包括告警类型、发生告警的对象、告警内容、发生告警具体时间、确认状态等。

（4）告警信息实时存储于数据库中，存储容量只受到硬盘大小的限制。

（5）告警信息查询方式。通过告警信息查询系统可以从数据库中查阅历史告警信息，查询方式分为按类型、按时间段、按发生源、按等级等几种方式或它们的组合。

（6）紧急告警优先弹出专用告警确认对话框。

（7）通信状态监测和通信报文监测，一旦出现通信异常立即报警。

8. 用户管理

（1）将所有用户分成运行人员、用户管理员、高级用户系列等级。

（2）不同人员可具有不同权限，并由用户名和密码唯一确定，保证操作的安全可靠性。

（3）提供完善的用户权限及密码控制，对重要的操作（如遥控操作、遥调操作以及整定值下发）设置双重验证。

（4）不同用户在注册登录时需键入相应的密码。

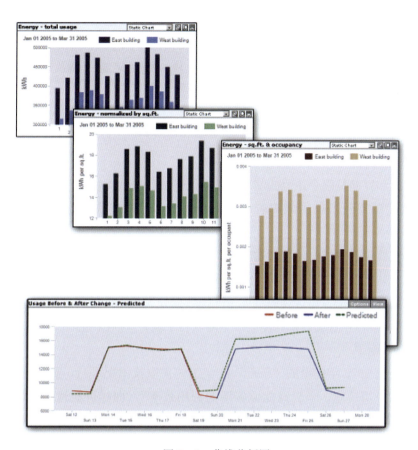

图 9 - 5　曲线分析图

9. 子系统集中管理及 Web 发布

（1）在各子站设立能效管理子系统，包括网络通信机柜、网络交换机、智能通信管理设备、综合布线系统。实现本地数据采集、管理、上传。

（2）在监控中心设立数据服务中心，包括数据服务器、Web 服务器、网络交换机、UPS、打印机等。通过 Internet 实现数据交换，使监控中心可以远程集中管理各个子站配电系统，并通过 Web 发布技术，使用户可以随时随地通过浏览器或手机 APP 访问管理监控系统。

9.2　建筑能源管理系统

9.2.1　系统概述

未来社区（Energy Management System for Intelligent Building）主要是由建筑设备管理（BAS）系统来实现的。BAS 系统可以根据预先编排的时间程序对能源、照明、供水供暖等设备进行最优化的管理，从而达到节能的目的，实现多能集成、节约高效、循环无废的未来低碳生活。整个建筑能源管理系统包括智能供暖供冷板块、社区资源集约利用板块、光伏供能板块、智能配电板块、零碳建筑板块、社区储能板块及社区智慧交通板块等。

9.2.2 系统功能

1. 数据采集存储

数据的采集和存储是整个系统的基础，没有大量的数据就无法进行有效的分析，没有有效的分析就无法得到正确的能源管理措施。数据可通过建筑设备管理（BAS）系统采集。

数据内容主要包括建筑物环境参数、设备运行状态参数、各设备能源数据等。获取的参数越多、运行的周期越长，越容易得到准确的结论。但若参数过多，又会造成建设成本的大量增加，因此可根据各建筑物的具体情况把数据分为系统运行所必须的基础数据和辅助数据（可选数据），在管理效果和建设成本间取得平衡。

2. 建筑模板能源

世界能源委员 1979 年提出的"节能"定义为"采取技术上可行、经济上合理、环境和社会可接受的一切措施，来提高能源资源的利用效率"，即尽可能地减少能源消耗量，生产出与原来同样数量、同样质量的产品；或者是以原来同样数量的能源消耗量，生产出比原来数量更多或数量相等质量更好的产品。以此延伸开来，建筑物的节能可以定义为"在基本不影响建筑物功能和舒适性的前提下，尽量减少能源"。所以，判断一个建筑物节能与否，节能多少需要有个参照物，通过和参照物比较才能得出结论。对于改造的建筑，通常可以用同一气候条件下的历史能源数据作为参照。而新建建筑则相对比较复杂，在实际工程中通常有以下几种方式。

（1）类比法。以类型、规模、功能相仿的建筑的能源作为参照。主要适用于连锁酒店、连锁超市、连锁商场等建筑条件相仿，管理模式相同的同一集团或管理公司旗下的建筑物。

（2）测试法。在建筑物正常运行后，分别在各气候条件下测试采取能源管理措施和未采取措施的日能源数量。通常可以在夏、冬两季各选择数天，采取隔日测试法，即第一天，测试采取能源管理措施日能源量；第二天，关闭能源管理软件测试日能源量；以此类推。这种方式缺陷是测试的时间跨度偏长。

（3）计算法。通过为建筑建立模型，设定参数，模拟计算出该建筑物的能源。这种方式优点很明显，通过模型能对建筑物的各设备能源全面计算，为能源管理提供方向性指导。但采用不同的软件计算出的能源值有差距，对计算出的能源值的准确性和权威性均存在争议，计算结果能否作为节能合同内的节能率计算依据是主要的分歧点。

3. 能源数据分析

能源数据分析即通过对建筑的能源数据统计、分析，结合模型建筑物能源对比，确定建筑物能源对比，确定建筑物的能源状况和设备能源效率，从而提供建筑物能源管理优化措施。能源数据分析模块是能源管理软件的精髓所在，市场上各家软件的算法不尽相同，其效果还需市场验证。然而，以模糊语言变量及模糊逻辑推理为基础的计算机智能控制技术的发展将极大推动能源管理水平。

4. 能源控制管理

建筑物的节能措施主要通过建筑设备管理（BAS）系统来执行。能源管理平台和 BAS 系统的完美结合，是能源控制和管理措施实现的保障。能源管理平台和 BAS 系统还分属不同智能化系统，两者的相互融合应该是智能化系统发展的方向。

5. 能源管理报表

能源管理报表是用表格和图片的形式体现建筑物的能源使用情况、设备能源、设备运行效率、能源历史曲线等，以适应不同人群的需求。系统一般应能提供 Web 服务，获得授权许可的远程用户能通过浏览器了解建筑物的能源使用状况。

9.3 大数据中心在未来社区中的应用

结合外部供电配电网络、内部分布式能源，对整个未来社区能源网络进行总体规划与运行评估，加强分析评估分布式能源对未来社区配电网络的影响，进行统一规划、总体评估分析，是未来社区能源大数据中心的规划、运行评估的重点内容。

未来社区的大数据中心可以分为社区综合用能、绿色出行、家庭能源服务以及智能安防 4 个板块。

9.3.1 社区综合用能

1. 多元协同供能结构

研究综合用能专属能源路由器、能源控制器应用，通过能源路由器对用户"电""水""气""热""冷"等多种用能数据和"温度""压力"等传感测量数据、开关状态等工况数据进行采集，实现用户各类用能信息采集与融通共享，以及能源的集约利用。多元协同供能结构如图 9-6 所示。

通过对未来社区多元能源供给及利用的采集，在社区能源管理平台上完成用户综合用能耦合优化模型的自动设计，进而通过能源控制器实现用能智能优化控制。

2. "光伏＋储能"

未来社区的"光伏＋储能"板块主要是指集成式屋顶光伏和分布式储能，充分利用社区屋顶、公共的空地等场地资源，投资建设光伏和储能设备，在保证社区居民用电的同时，最大限度开发绿色电力。屋顶光伏和分布式储能如图9-7所示。

图9-6　多元协同供能结构

图9-7　屋顶光伏和分布式储能

将未来社区的"光伏＋储能"板块集成进社区能源管理系统的优势是能够结合电价信

息、社区短期负荷预测、光伏发电预测和相关设备参数信息，以用能经济最优为目标，优化热水器等可调节负荷的投切和功率控制，合理进行储能设备充放电，降低用能成本，实现节能减排。未来社区光伏储能管理如图9-8所示。

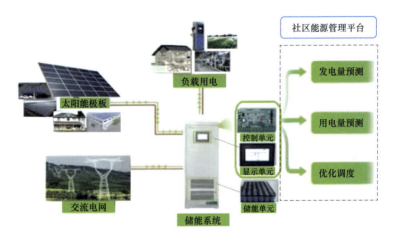

图9-8 未来社区光伏储能管理

3. 智慧路灯

未来社区的智慧路灯无需人工调节，可根据人流、车流、自然光照度自动调节灯具的亮度，同时可自动进行场景模式的切换，模式效果可任意设置，实现全智能，降低使用成本，提高用户体验，如图9-9所示。

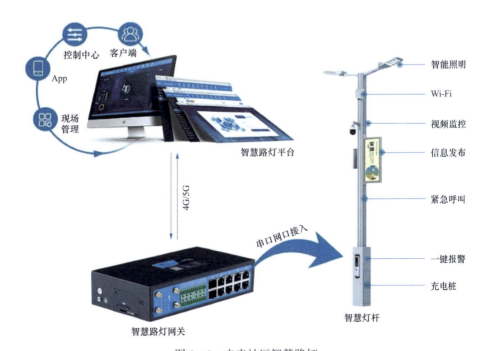

图9-9 未来社区智慧路灯

可通过在智慧灯杆上集成各种不同的环境监测传感器，实时采集户外温湿度、大气压、照度、PM2.5等环境参数，实时数据通过智能灯具组成的无线自组网进行传输，后台对采集的信息进行分析，通过显示屏实时显示温度、湿度等信息，有效掌握小区环境数据；环境检测的另一个作用是可以通过环境亮度检测、夜间行人及车流量红外感知以及声控识别，在满足社区照明度需求基础上实现总输出电功率最小，从而达到社区路灯的节能控制。

智慧路灯也是极佳的感知终端载体。智慧路灯杆是集成了各种信息设备、技术创新复合应用的智能产品，如信号发射站，媒体发布站，视频监控搭载，电动汽车智能充电桩等。

通过运用Wi-Fi、5G/4G等多种物联网和通信技术，将智慧路灯并入未来社区的能源管理平台，完全可以实现各智能灯杆的远程单灯开光、调光、检测等管控功能，可以轻松实现单盏路灯的明暗、开关控制，一方面可以达到节能的目标，另一方面也可以实现亮化控制。

4. 在线运维管理

在线运维管理通过接入在各负荷分路和用能设备的采集装置实现设备运行状态实时感知，及时发现设备异常情况，并推送不同级别的告警提示，报送主动检修工单至社区线下服务团队和电、水、气等部门，实现精准服务，提高运维效率。在线运维管理如图9-10所示。

9.3.2 社区绿色出行

1. 智慧充电管理

智慧充电管理采用灵活的资费策略和充电功率控制技术，引导充电用户在电网负荷低谷期和充电桩空闲时段进行充电，对社区电网负荷曲线进行削峰填谷，促进清洁能源消纳，降低大量电动汽车竞争充电时对配变、配网的负荷冲击影响，提升配电资源的有效利用率，降低配电设施建设投资，保证电动汽车与电网的协调互动发展。智慧充电管理如图9-11所示。

2. 共享充电桩/车位管理

共享充电桩/车位管理通过泛在电力物联网技术，将社区公共和个人的充电桩/车位资源转变为网络化的动态数字资源，社区能源管理平台可以将充电桩/车位的闲置情况发布在电子公告屏幕或用户的手机端上，需求者可以根据需求时间、位置等查询闲置充电桩/车位信息资源，实现充电桩/车位共享，充分提升充电桩/车位资源利用率，满足社区用户绿色出行需要。共享充电桩/车位管理如图9-12所示。

由于社区的空间有限，共享充电桩也可以与智慧路灯相结合，灵活增加充电桩的数量，提高充电效率的同时也节约了充电桩的占有空间。

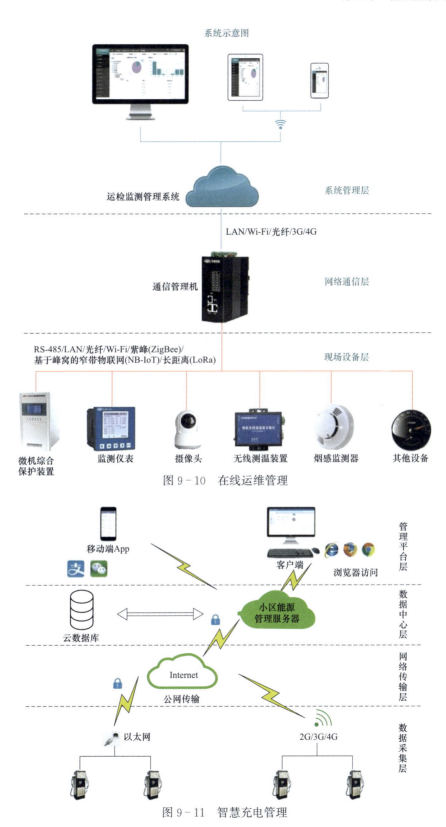

系统示意图

运检监测管理系统

系统管理层

LAN/Wi-Fi/光纤/3G/4G

通信管理机

网络通信层

RS-485/LAN/光纤/Wi-Fi/紫峰(ZigBee)/
基于蜂窝的窄带物联网(NB-IoT)/长距离(LoRa)

现场设备层

微机综合
保护装置　　监测仪表　　摄像头　　无线测温装置　　烟感监测器　　其他设备

图 9-10　在线运维管理

移动端App

客户端　　浏览器访问

管理
平台
层

云数据库

小区能源
管理服务器

数据
中心
层

Internet

公网传输

网络
传输
层

以太网　　　　　　　　2G/3G/4G

数据
采集
层

图 9-11　智慧充电管理

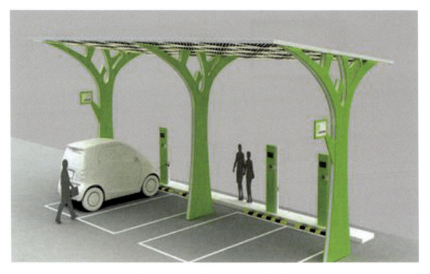

图 9-12 共享充电桩/车位管理

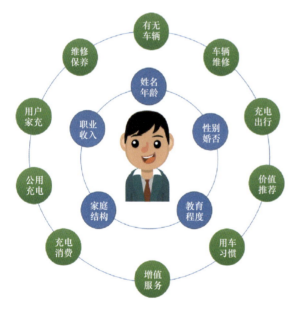

图 9-13 精准构建用户画像

3. 个性化增值服务

精准构建用户画像，如图 9-13 所示。个性化增值服务即结合用户画像将人、车、桩、网等电力生产、消费大数据进行汇集，打通用户家充、公用充电消费数据，通过用户用车习惯精准挖掘新型服务商业价值，向用户精准推送车辆维修保养、出行、购物等增值服务信息。

9.3.3 社区家庭能源服务

1. 智能家居

统一智能家电、智能插座/面板、智能网关、能源路由器、能源控制器之间的信息传输接口和通信协议，实现智能家电用能数据实时采集；设计居民用户用能行为优化模型算法，通过能源路由器、能源控制器及智能网关实现智能家电用能情况的实时监测、优化分析与智能控制，有效支撑居民用户用能诊断、节电优化建议以及表后集中运维等增值服务业务。智能家居能源管理如图 9-14 所示。

2. 水电气集中管理

充分利用用电信息采集系统信道资源，统一获取电、水、气消费账单数据，提供用能情况分析、节能改进建议和用能统一缴费等服务；主动发送用能智能提醒，如高峰期的用电设备建议关停、节能小贴士、电水气阶梯超档提醒、停水停电停气通知等。社区水电气集中管理如图 9-15 所示。

图 9-14 智能家居能源管理

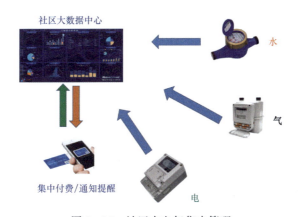

图 9-15 社区水电气集中管理

9.3.4 社区智能物业

安全是未来社区建设理念"以人为本"的核心，社区的高效运营离不开健全的安防体系。社区的智慧安防应采用"大数据平台＋传统安防技术＋智能安全感知技术"的方式，发挥大数据通信高速率低延迟的优势，采用边缘计算与云计算相结合的方式实现对社区监控信息全面、充分的利用，满足社区安全隐患提前预警需求和快速查证需求。

　　建立智能化的监控系统、可视对讲、停车场系统、报警系统、智能家居系统，并使用一个模块化设计、与建筑能源管理系统产生联动，进行统一资源、一体监管、智能分析，组成一个充满活力的、高效的系统环境，实现信息共享，打造安全、舒适、便捷、高效的社区环境。这就是未来社区智能安防所应形成的总体架构，社区安防系统汇总如图 9-16 所示。

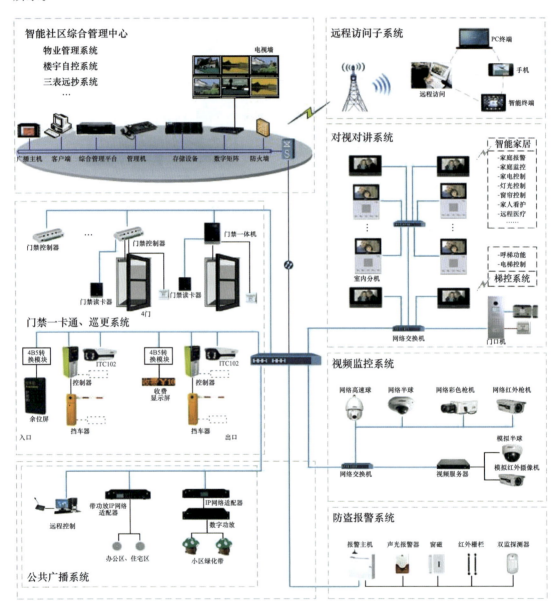

图 9-16　社区安防系统汇总

1. 楼宇对讲及户内报警子系统

　　小区楼宇对讲及户内报警子系统采用联网型总线制，户内可视对讲分机拟采用带

7 英寸❶或 5.6 英寸彩色液晶显示屏分机，要求分机具有 8 防区安保功能，不设副机（由用户二次装修时考虑），带跃层的及排屋副机线管应预留到位。

除了可以使用传统楼宇对讲系统的功能以外，还采用人脸识别功能，业主可直接刷脸开门、也可刷卡或密码开门进入；当有访客时，在访客使用室外机呼叫业主时，业主可在室内分机上看到访客清晰的彩色即时视频，在语音通话后，业主便可采取开锁、监视、报警等功能做出正确的回应。楼宇对讲系统如图 9-17 所示。

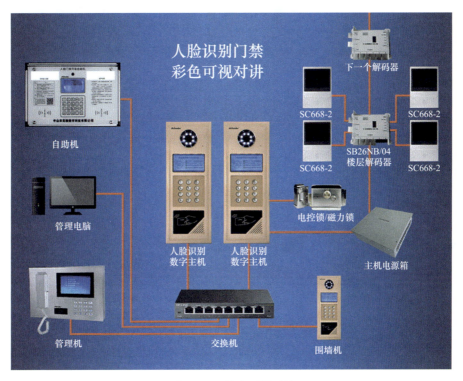

图 9-17 楼宇对讲系统

楼宇对讲及户内报警子系统是联入未来社区的能源管理中心的，管理中心可在日常将针对用户的信息或公告类信息投放到各家分机上，实现更人性化的社区服务管理。

2. 周界防范子系统

周界防范子系统用被动式探测报警，与周界摄像机联动，周界全面设防，探测器型号、数量及布置位置待小区围墙确定后定。在保证美观的前提下，保证未来社区业主居民的人身财产安全。

周界防范子系统目前主要有两个方向的产品，即隐形红外对射报警系统及脉冲电子围栏，如图 9-18 所示。

---

❶ 1 英寸＝2.54 厘米。

（a）　　　　　　　　　　　　　（b）

图 9-18　周界报警系统

（a）隐蔽式红外外射灯；（b）脉冲电子围栏

3. 视频监控子系统

视频监控子系统采用数字视频＋监控存储设备的混合式视频安防监控系统模式，如图 9-19 所示。

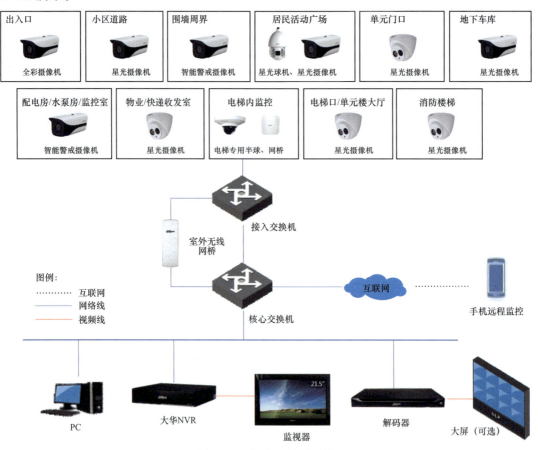

图 9-19　视频监控子系统

视频监控子系统的设置部位，可针对小区出入口、小区道路、单元楼内、周界、广场等重点场所安装监控摄像机实时监管，确保业主人身财产安全；针对公共健身锻炼区域、珍贵花木区域，建设视频监控系统，确保共用设施不被破坏、偷拿。视频监控效果图如图9-20所示。

图9-20 视频监控效果图

所有摄像机电源均由不间断电源主机供给，监视器图像质量按5级损伤制评定，图像质量不应低于4级，图像画面灰度不应低于8级。闭路电视监控系统每台硬盘录像机配置2T容量DVR专用硬盘，录像存储时间满足15天以上，可设置为动态录像。

视频监控子系统具备独立的软件控制功能，视频切换矩阵具备与计算机通信的接口和编程控制接口，可以与入侵报警实时联动。系统的画面显示能任意编程，能自动或手动任意切换，在画面上有摄像机的编号、部位、地址和时间、日期显示。

利用台式多功能控制键盘编制控制程序及对系统操作，控制键盘可按照防区模式和标准模式进行操作，控制键盘可以通过矩阵切换，控制系统中的多个摄像机。

4. 车辆管理子系统

车辆管理子系统要求为联网型、采用远距离读卡技术，要求读卡距离不小于2m。每个主机箱都带对讲分机，当停车场管理系统出现故障时，按下对讲分机按钮就可以与管理中心取得联系；每套停车场管理系统都安装图像对比系统，车辆入场时，车主通过入口控制机读卡，并自动摄录车辆的图像，所读到的有关信息和摄录的入口车辆图像被传送到工作站，并在屏幕上显示上述的信息，同时将相关信息送入服务器。车辆出场时，通过出口处的控制机读取IC卡号，并自动摄录车辆图像，在计算机屏幕上显示出场车的图像与使用该卡进场时的车辆的图像，管理人员根据屏幕上显示的信息以车辆的进出图像对比来判断是否放行，如果是自动开闸的车辆则自动放行。杆机起落速度快，免砸车、免尾随，道闸下有气垫防护并联动。可手动、自动、手柄三种方式控制道闸；拒绝接受非法卡；有双向自锁功能；电动挡车器在开、关到位时，外力不能使电动挡车器杆上升、下降。有时间保护功能；具有感应和按钮控制等多种方式。在管理中心安装对讲主机，各出入口安装对讲分机，保证各出入口和管理中心的联络。

5. 人员进出管理子系统（门禁系统）

由于人员进出管理子系统属于安防子系统，一般与视频监控停车场系统等安防系统集成，共用安防网络，目前的人员进出管理子系统主流为网络门禁系统红外传感技术实现实时监控通道、安全保护及防尾随。

对于进出社区繁杂的人员，对象进出管理子系统可以采用闸机＋访客机的方式，对不同通行对象区分管理；为避免仿冒盗用身份、尾随住户进入社区，恶意人员趁保安不注意偷溜进社区这些存在着的安全隐患，可以采用人脸识别的方式使闸机有效防止盗用、假冒，语音报警，阻止尾随行为，升级安防级别。

同时，闸机＋访客机的方式在连接各级系统，实现数据互联情况下，可以建立可视化、一体化的管理系统，解决传统人员登记管理使用人工成本高，各层级资源不能有效配置的缺点。门禁系统如图 9-21 所示。

图 9-21　门禁系统

9.4　预　期　成　效

以未来社区大数据中心为载体，基于客户侧大数据建设推动能源智慧互联、功能集成、设施共享等功能在未来社区的建筑、能源、交通及物业等应用场景落地实践，形成面向未来的智慧化社区能源服务生态圈。

1. 拓展用能管理新模式

建设覆盖社区全域的用能信息、采集网络，实现用户负荷信息和运行曲线实时测量和收集，为电网建设及负荷接入和使用提供辅助决策；主动推送故障主动抢修信息，提高电网的稳定性和可靠性；优化分布式能源接入调度，实现接入和分配最优；合理引导用户错峰充电，实现电网供需平衡；分析电动汽车保有量和道路流量，优化电动汽车充电桩规划布点，实现电网投资建设效益最佳。

2. 打造能源服务新生态

以社区智慧能源服务平台为载体，为政府、居民、电水气企业、设备和服务供应商等提供能效管理、智能家居运营、智慧充电运营、多表抄收运营、智慧电务运营等基础业务。将城市能源数据细化到居民侧，有效支撑政府能源"双控"目标取得实效；根据大数据分析居民用能需求，精准推送智能家居产品信息供用户选购；汇集用户的选购和评价信息，为家电厂商提供同类产品对比评价结果，成为产品发展风向标，促进产业的迭代升级；签约线下运维服务团队，为社区用户提供运维保修一键呼叫服务。

3. 形成标准引领新时代

在未来社区智慧用能建设上达到示范引领目的，制定智能家居设备通信协议、接口标准以及相关控制规则，成为行业内标准，加速智能家居产业推广和发展。